L'ÉLUE

DU DRAGON

ROMAN

PAR CLOTILDE BERSONE

L'ÉLUE

DU DRAGON

ROMAN

par Clotilde Bersone

2019

the Savoisien & Baglis

Sous l'égide de saint Michel
Tiré du tableau de l'*Assomption de la Vierge*, du Pérugin.
(*Académie des Beaux-Arts, à Florence, XVIme siècle.*)

Copyright 1932, by Fernand Sorlot

Première édition numérique 24 décembre 2005

the Savoisien & Lenculus

Exegi monumentum ære perennius
Un Serviteur Inutile, parmi les autres

Scan, ORC, Correction, Mise en page
21 Août 2019
Lenculus †(2016) & Baglis
in memoriam

Pour la **L**ibrairie **E**xcommuniée **N**umérique des **CU**rieux de Lire les **US**uels

PRÉFACE

À LA SECONDE ÉDITION

Les "Mémoires" de Clotilde Bersone

Ce roman est tiré, presque page à page, des Mémoires *inédits de Clotilde Bersone, qui aurait été, à Paris, de 1877 à 1880, la maîtresse de J. A. Garfield, élu en 1880 Président de la République des États-Unis, assassiné en 1881.*

Garfield était clandestinement le chef de la Haute Loge de France des Illuminés, dont la Bersone, sous le nom de Nymphe de la Nuit, fut d'abord l'Affiliée, puis l'Initiée et l'Inspirée, Grande Maîtresse élue de l'Esprit.

Il existe au Hiéron de Paray-le-Monial, — qui fut longtemps un centre occultiste à peine dissimulé, — un double manuscrit authentique de ces Mémoires, *datés de 1885. Ce sont, à notre avis, deux brouillons successifs de la déposition canoniquement exigée de Clotilde Bersone pour sa réconciliation avec l'Église romaine, à l'adresse de l'autorité diocésaine ou du Saint-Office. Ce témoignage sent la fugitive apeurée beaucoup plus que la vraie repentie, et il y reste, de ses anciennes manières de voir et de sentir, des traces odieuses. Il se peut même que certaines descriptions de scènes magiques, bien invraisemblables, y soient à interpréter, dans un sens plus allégorique que littéral, comme une menace d'en dire davantage au besoin, sur les dessous de certaines affaires.*

N'importe ! Dans sa teneur originelle, en dépit des incertitudes et des contradictions, la pièce demeure un document du premier ordre. On a le droit d'en discuter plus d'un détail, non de lui dénier toute valeur.

Nous en avons encore fait constater l'existence à l'endroit indiqué, postérieurement à notre première édition : toute disparition équivaudrait donc aujourd'hui à un aveu d'escamotage.

La copie sur laquelle nous avons travaillé, avait d'ailleurs été prise, colligée et enrichie de notes d'une rare pertinence par un religieux de la Compagnie de Jésus, dont ses confrères des Études, en contestant son existence, nous contraignent aujourd'hui à préciser l'identité : c'était le R. P. Harald Richard, récemment décédé.

Ajoutons enfin qu'il reste à certains témoins autorisés, comme Mme Juliette Adam, un souvenir assez précis de l'activité politique de la prétendue comtesse de Coutanceau, et que nous avons retrouvé mention, dans les journaux de l'époque, de quantité d'incidents rapportés dans ces Mémoires. Si donc quelqu'un se résout à entamer à leur sujet une discussion sérieuse, nous sommes à sa disposition.

Pourquoi, dans ces conditions, n'avoir tiré de cette histoire vraie qu'un roman, dont la présentation — même réduite à quelques arrangements secondaires, — amoindrit fatalement la portée ?

C'est qu'il nous était impossible de prendre juridiquement la responsabilité des graves imputations que l'auteur lance pêle-mêle, dans sa confession, contre toutes sortes de personnages mêlés à l'histoire de la IIme République, non seulement parmi les anticléricaux au pouvoir, mais jusque dans les rangs les plus réputés de l'opposition.

Il nous aurait fallu soutenir la plupart de ces accusations dans une édition critique ; nous avons voulu au contraire, dans une adaptation, n'en retenir que le moins que nous avons pu, en les dépouillant de tout caractère de mise en cause personnelle. Même les noms des Grévy, Ferry, de Lanessan, Tirard ou d'autres moins connus, que nous avons conservés au hasard et souvent laissés à leur orthographe de fantaisie, ne doivent donc pas être pris ici à la lettre, d'une façon à porter à la mémoire de ces hommes publics le moindre préjudice privé. Qu'on les entende seulement, à la place de pseudonymes, comme des appellations quasi obligées, puisqu'il s'agissait d'une époque déterminée et encore toute proche, où rien ne pouvait éviter que certaines physionomies connues figurassent l'État, dans cette espèce de procès criminel ouvert, non contre tel ou tel homme en particulier, mais contre le régime.

L'impression principale que nous avons cherché à dégager des pages qui suivent, c'est, en effet, que, depuis 1871, le pouvoir est en France aux mains d'une Puissance occulte, dont le Grand Orient et la Grande Loge ne sont eux-mêmes que des instruments.

En un mot, Satan est notre vrai maître politique ; c'est notre Troisième République qui doit faire régner, au compte de Lucifer, l'Internationale maçonnique ; c'est elle la véritable « Élue du Dragon » : voilà tout le sens, le but et la portée de cet ouvrage.

Nous ne sommes pas même en démocratie, pour reprendre un mot de Mgr Gouthe-Soulard ; nous sommes en démonocratie.

L'accueil fait par le public à la première édition, si vite épuisée, de l'Élue du Dragon, nous est un gage de l'intérêt qu'il réserve à ce nouveau tirage.

De nombreuses traductions nous en ont été demandées déjà à l'étranger puissent-elles contribuer à faire connaître et hardiment combattre le pouvoir des Sectes !

Notons seulement, pour en prévenir le lecteur, que ces Mémoires d'une prostituée .et d'une possédée ne sauraient, malgré toutes les précautions de langage que nous avons prises, être mis qu'entre des mains très averties.

PREMIÈRE PARTIE

LA GRANDE LOGE OTTOMANE DES ILLUMINÉS

I

LA SONNERIE MYSTÉRIEUSE

C'était à Constantinople, vers la mi-décembre 1874. Il était environ dix heures du soir, et la conversation se prolongeait, au salon, entre mon père et moi, plus enjouée, plus cordiale qu'elle n'avait jamais été. Avec joie, je sentais grandir entre nous cette fleur d'affection, dont l'absence avait fait jusqu'ici de ma vie une sorte de désert.

J'avais dix-huit ans ; je me savais belle, de cette étrange beauté qu'on est convenu d'appeler fatale, d'une intelligence cultivée, mais d'une situation de fortune insuffisante au gré de mon ambition.

Seule, une ombre de tendresse, à défaut d'autres succès, aurait pu animer mes jours, satisfaire ma nature exubérante et, pour tout dire, ce tempérament excessif, qui se débattait en moi, garrotté, comme un jeune oiseau de montagne prisonnier dans une main d'enfant.

Ni l'éducation sans Dieu du Collège, ni la froide et distante sollicitude de ma mère n'avaient su répondre au besoin d'attachement passionné qui me dévorait ; et je demeurais livrée à un emportement d'orgueil, à des nausées d'amertume, dont le paroxysme allait à chaque instant jusqu'à la haine et à d'affreux appétits de vengeance contre ceux qui m'entouraient.

Mon père, à peine entrevu, réussirait-il à combler ce gouffre de mon âme ?

Il s'appliquait visiblement à être aimable et même aimant, et toute l'attention tendue de mon esprit, de mon cœur, visait à démêler, au cours de notre capricieuse conversation, s'il cherchait vraiment à conquérir mon affection pour moi-même, ou contre une autre, absente et rivale.

Car ma piété filiale désabusée en était à se poser cette question impie. Trop longtemps j'avais souffert, là-bas, en Italie, du côté de ma mère. La rancune amassée par elle contre mon père enfui s'était monstrueusement retournée dans son cœur contre moi et peu à peu m'avait mutilée de cette faculté d'abandon qui fait l'atmosphère de joie des tout petits. Aujourd'hui, commençait pour mon ardente jeunesse la contrepartie de cette abominable épreuve.

Ah ! comme j'aurais voulu aimer cet homme, avec tout le respect, la simplicité, l'aveugle dévouement d'une véritable fille ! Au ciel sans Dieu, à mon enfance sans mère, un père adoré eût été comme la réplique apaisante qu'appelaient tous mes vœux. *Mon père !* Si ce nom, si ce cri avait pu jaillir enfin de mes lèvres, avec des larmes, à genoux, les mains dans ses mains, la tête contre son épaule, de combien de mauvais rêves j'étais soudain délivrée ! De quels périls, de quelles fautes, de quel avenir ! C'était pour moi une sorte de rédemption et de salut.

Aussi la gravité du problème mêlait-elle à chaque instant à notre bavardage, à nos fusées de rire, une sorte de solennité ; elle embarrassait nos confidences et balançait nos propos d'un élan joyeux d'amitié à de brusques silences, trop chargés de préoccupations secrètes et de mystère.

Mon père n'était pas sans s'être rendu compte de l'état de sensibilité exaspérée où j'avais glissé au cours de la causerie ; et je le devinais très conscient du drame muet qui se jouait entre nous.

Deux ou trois fois, je le vis hésiter, interdit, comme éperdu, au bord du mot décisif, qui pouvait nous jeter dans les bras l'un de l'autre ; mais il manquait sans doute à notre intimité je ne sais quelle ouverture de cœur qu'un long commerce rend facile. Des deux parts, trop de fautes passées ou de réticences nous accablaient. Une fatalité mystérieuse, l'absence tout au moins de cette invisible bénédiction qui préside aux destinées des familles selon le cœur de Dieu, pesait sur nos effusions. Un regard, une volonté hostiles semblaient nous poursuivre.

Et mon cœur allait justement éclater ; je voyais perler une larme aux yeux brillants de mon père, à l'évocation de tant d'années que j'avais pu passer loin de lui, sans même une marque de son constant souci et de son amour.

— Ah ! Pardon, Clotilde, avait-il commencé de dire, mille fois pardon...

Et c'est le grand mot qui commande à toutes les réhabilitations.

Soudain, dans la boiserie du salon, une étrange sonnerie retentit, voilée, à peine distincte, apte cependant à être perçue dans tout l'appartement. C'était comme le roulement d'un appel électrique, sans timbre, coupé de chocs régulièrement espacés, qui ressemblaient à un signal ou à un message suivant un code de télégraphie rudimentaire :

— 7 + 3 + 1.

Intriguée, j'avais détourné la tête et prêtais l'oreille. Mon père se leva, gêné :

— Qu'est-ce que cela ? Lui demandai-je.
— Rien, dit-il. Un appel de l'ambassade... Sans doute vient-il d'arriver quelque dépêche diplomatique à déchiffrer et à mettre au net. Je te laisse, mon enfant. Dors sans inquiétude, tu es sous bonne garde ici... A demain.

Il vit bien qu'il ne me donnait pas le change. Plusieurs fois déjà, j'avais remarqué qu'il me quittait ainsi brusquement, le soir, en particulier le vendredi, pour ne rentrer qu'à une heure avancée de la nuit ; et je n'avais pas tardé à supposer une liaison. J'en souffrais, non pas tant, hélas ! par scrupule et délicatesse de vertu, ou par tentation de mésestime à l'égard de mon père, que par une indomptable humeur jalouse. Où j'étais, mon orgueil me rendait insupportable de ne pas dominer seule. Je ne pouvais tolérer qu'il y eût chez les miens un secret pour moi.

Une susceptibilité aiguë, maladive, me fit donc ressentir comme une insulte que cette liaison impérieuse et sans gêne se permît de relancer mon père jusque chez lui, moi présente, et l'arrachât avec tant de désinvolture à un entretien si précieux pour moi.

Avec une violence inouïe, je m'étais levée à mon tour. Je me jetai au devant de mon père, qui essayait d'échapper à mon étreinte :

— Vous ne sortirez pas !... Je ne crois pas à cette histoire d'ambassade... Vos bureaux sont fermés, et vous avez pour communiquer directement avec eux toutes les facilités. Ceci est un autre signal, en dehors des voies régulières... Je veux savoir qui ose ainsi vous ravir à moi ? J'ai droit à une explication qui tienne...

Mon père, embarrassé, ne me répondait guère que par d'absurdes défaites, qui n'essayaient plus de me convaincre :

— C'est absurde, mon petit, je t'assure... Cette scène n'a que trop duré... Il faut absolument que je sorte. Laisse-moi passer.
— Non et non... Je vous le demande en grâce, mon père, ne m'abandonnez pas, ce soir. Il y va de tout, pour moi, de mon cœur, de ma vie. Nous étions si près de nous accorder pour toujours. Remettez cette sortie odieuse... Tenez ! voici du papier, une enveloppe. Envoyez un mot d'excuse. Dégagez-vous à tout prix. Dites que je suis malade, folle ; mais ne me quittez pas.
— Il n'y a plus personne, à cette heure, pour porter cette lettre à son adresse.
— Alors j'irai moi-même avec vous.
— Ce n'est pas possible.
— Tout est possible, excepté ce que vous allez faire... Car vous ne me connaissez pas !...
— Si, je te connais, Clotilde, et mieux que tu ne penses.

Ma résistance l'avait irrité à son tour. Face à face, nous nous regardions, les yeux étincelants de colère. Il m'avait saisie pour se dégager, et je ne sais quel trouble ou quelle épouvante fuma soudain dans son regard ; il éclata d'un rire sardonique :

— Belle, s'écria-t-il, belle en effet à damner un ange ! C'est trop vrai, Clotilde : prends garde à toi.

Et il me repoussa si rudement que je trébuchai et tombai à terre. Il en profita pour ouvrir vivement la porte du salon et la refermer à double tour derrière lui. Je l'entendis courir dans le couloir et quitter précipitamment l'étage. Quand je me relevai, étourdie du choc, il était trop tard pour songer à le rejoindre.

J'étais prisonnière jusqu'à son retour.

II

EXPLICATIONS ORAGEUSES

Quelle affreuse nuit je passai, seule avec mes pensées !

Vingt fois je courus au balcon, fouillant la nuit d'un regard avide. L'étage était trop élevé, la rue trop sombre : je ne pus deviner si mon père était vraiment sorti de la maison, ni de quel côté il avait pris. Vingt fois la tentation me vint de me jeter en bas, afin qu'à son retour il ne trouvât plus dans sa maison qu'un corps inanimé. Mais pouvais-je croire à présent qu'il m'aimait assez pour que ma mort fût pour lui un châtiment ? Et puis je voulais me repaître, vivante, de sa douleur, et, selon le proverbe de mon pays, la vengeance est un plat qui se mange froid. Il fallait donc attendre, attendre à tout prix, afin de mieux combiner, pour ce cœur cruel, le coup de poignard qui le transpercerait à son tour. Mille projets odieux s'échafaudaient et croulaient les uns sur les autres dans mon esprit.

Vingt fois, je revins au salon, me jetant, désespérée, sur les meubles, me roulant sur les tapis, me mordant les poings de fureur, frappant du pied avec rage, montrant les cornes aux plafonds. Car je m'étais finalement persuadée que cet appel mystérieux dans la nuit n'avait pu partir que de la maison même. Sans doute quelque liaison inavouable dans un appartement voisin ; qui sait ? Là-haut, sous les combles, quelque ignoble servante-maîtresse, arménienne ou juive : et voilà pourquoi ce misérable père quittait sa fille toute vibrante de tendresse, au moment de renouer avec elle pour toujours.

Sur ce thème empoisonné, se croisaient pêle-mêle les pires souvenirs de mes dix-huit ans de tendresse inassouvie. Ma vie se déroulait tout entière sous mes yeux.

Née en Italie d'une famille honorable, je revoyais confusément le drame de ma toute petite enfance : une mère heureuse, un père souriant ; puis, un soir pareil à celui-ci et sans doute pour les mêmes causes, une scène d'une violence inouïe avait éclaté sous mes yeux terrifiés d'enfant.

Le lendemain, à trois ans et demi, je n'avais plus de père : il s'était enfui au bout du monde, et chacun devait s'ingénier dorénavant à me le peindre comme une sorte d'Ogre affreux et brutal. J'ose dire que je n'avais plus de mère : car la mienne semblait soudain haïr en moi l'homme qu'elle avait aimé et de qui je perpétuais à son foyer l'amer souvenir. La petite Clotilde Bersone ne connut plus jamais ce double sourire penché sur un berceau qui avait illuminé un instant l'aube de ses jours ; elle ne fut plus que le rebut de deux amours mués en fureurs.

Bientôt même je devins, dans la vie de ma mère, plus qu'un fâcheux souvenir vivant : un embarras. Elle rêva sans doute de se donner un nouveau foyer, et ma présence la gênait. Elle ne songea qu'à se défaire d'un encombrant témoin. A huit ans, je fus placée dans un grand Collège international de la péninsule : sorte de couvent ultra-laïc, où se parfit, si j'ose dire, mon éducation.

Loin de s'essayer à corriger nos défauts, on s'appliquait dans cette maison à les cultiver avec plus de soin que nos qualités.

L'on y veillait, certes, à notre innocence de jeunes filles, mais pour mieux surexciter en nous un ombrageux amour de l'indépendance et l'impatience de tous les jougs. Nos maîtresses préconisaient à qui mieux mieux l'émancipation de la femme, l'absolue libération de tout préjugé. Aucune place n'était laissée, dans ce programme, à la pensée de Dieu. Dieu n'était là ni aimé ni haï : il avait disparu. Et de ce temps date ce vide immense, ce gouffre béant creusé dans mon cœur et qu'en vain mes passions déchaînées devaient tenter un jour de combler en y entassant les folies et les crimes : l'énormité même de mes forfaits n'a jamais réussi à me masquer l'abîme, à m'empêcher d'entendre le grondement lointain qui ne cessait de mugir au fond. Satan en personne, en y déployant toute l'envergure de ses ailes, ne l'a point rempli.

Ma mère, aux vacances et les jours de visite officiels, passait un instant au parloir, m'étourdissait de son caquetage et disparaissait au plus vite. Elle avait rempli à peu près ses devoirs de mère selon le monde ; en réalité, je me savais orpheline.

Je me jetai, pour m'en consoler, dans l'étude, avec une sorte de frénésie, avide des premières places et des louanges. J'appris cinq ou six langues et brillai dans tous les menus arts d'agrément : à dix-sept ans, j'étais couverte de diplômes. J'avais « lu tous les livres ». Rousseau, Voltaire, quelques philosophes italiens m'avaient conduite jusqu'aux frontières de la libre-pensée, c'est-à-dire au matérialisme le plus radical.

La notion du surnaturel m'apparaissait impensable ; et l'homme, par évolution, descendait pour moi du singe, pour retomber au néant. La morale n'était qu'une convention sociale, à laquelle échappent les grandes âmes.

Avec la complicité d'un de mes maîtres, je parvins à placer en ville quelques conférences semi-publiques sur ces sujets incendiaires, à ma sortie du collège, et je goûtai à l'appât empoisonné des applaudissements.

Du premier coup, j'avais éprouvé combien j'exerçais sur les publics les plus raffinés, malgré la brutalité de mes idées, une sorte de fascination physique que je prenais pour de l'éloquence. Était-ce mon visage, ma voix prenante et hardie ? C'était ma jeunesse, en tout cas, plus que la force de mes raisonnements ou même la grâce de mon style, en dépit de l'espèce d'acharnement que je mettais à le polir et à l'enflammer.

Au surplus, le bruit de ces propagandes se répandit bientôt, et je dus y renoncer sous peine de provoquer une intervention de la police et de l'autorité religieuse. Ce ne fut pas sans peine, ni sans garder le goût ardent, aigu, de cette sorte de représentation ou de souveraineté que donne la parole sur une estrade !

Et c'est à ce moment précis que je reçus une lettre de mon père. Il était alors agent consulaire, attaché à l'ambassade d'Italie à Constantinople, et il demandait à me voir.

— Qu'il vienne lui-même, eus-je la tentation de répondre avec humeur.

Ma mère fut d'un avis différent. Effrayée et irritée de mes récentes escapades idéologiques, elle jugeait prudent de m'éloigner quelques mois. Il fallut partir, et elle m'accompagna, comme pour être plus sûre que je m'embarquais pour de bon, jusqu'à Brindisi.

Là je montai à bord d'un paquebot du Lloyd autrichien et me laissai aller à ma destinée.

Triste voyage, en dépit de la beauté des sites que nous traversâmes ! Je visitai, presque sans les voir, Corfou, le Pirée, Athènes, où le bateau fit escale une semaine durant ; j'aperçus Salonique, franchis les Dardanelles et arrivai à Stamboul.

C'est en tremblant de tous mes membres que je touchai au port.

J'avais quitté ma mère dans des sentiments plus contraints que jamais ; nos adieux avaient été glacés : et qu'allais-je trouver ici ?

Heureusement le premier abord fut moins pathétique que je ne redoutais, grâce au brouhaha du débarquement. Mon père avait le caractère vif, jovial ; il me fut sympathique au premier coup d'œil.

Il sut m'occuper et me distraire, en me présentant, dès les premiers jours, dans les familles de la plus haute société. Jamais je n'avais rêvé aussi brillante entrée dans le monde, et ma vanité, sinon mon cœur, s'appliqua à s'y complaire. Partout accueillie, recherchée, fêtée, je m'étourdissais de ces premiers succès jusqu'à ce soir fatal où éclata, au lieu de l'heureuse issue que j'avais prévue, la soudaine rupture que j'ai contée.

Quelle déception pour moi ! quelle chute ! Dans mon imagination surchauffée, je m'appliquais à grossir encore mon malheur, à me le peindre sans égal et sans remède, à l'aggraver de toutes sortes de couleurs funestes.

Et l'aube me trouva, dans le salon sans lumière, rongée de fièvre, les yeux cernés de bistre, ayant enfin arrêté mon projet.

Vers cinq heures du matin, mon père rentra.

Il paraissait exténué, un peu honteux de sa violence, mais rempli d'une sorte de résolution, puisée j'aurais voulu savoir en quels conseils ! Je vis qu'il me dévisageait en dessous avec curiosité, en feignant de se mettre en peine de cette nuit blanche qu'il m'avait fait passer.

— Eh bien ! essaya-t-il de plaisanter avec rondeur, c'est fini, cette attaque de nerfs, et Mademoiselle est en état de parler sérieusement ?

Je ne lui répondis pas et me tins obstinément éloignée de lui.

Debout devant une glace et feignant de réparer le désordre de ma coiffure, je lui tournais le dos, tout en le surveillant du coin de l'œil dans le miroir, et il finit par se résigner à mon silence.

Brièvement, avec un calme affecté, je lui annonçai ma résolution. Puisque je le gênais dans sa maison, j'irais coucher le soir même à l'hôtel, en attendant qu'un paquebot me ramenât le plus tôt possible en Italie.

A quoi il essaya d'opposer quelques plaisanteries : que je ne savais pas quel pouvoir un père avait en Turquie sur ses filles et que je ne pouvais lui fausser ainsi compagnie à la barbe du Sultan.

De plus en plus glaciale, je lui répondis qu'il n'était point turc et lui demandai s'il préférait que j'en référasse à l'ambassade.

Il ne chercha plus à dissimuler son embarras et se mit à arpenter la pièce, en grommelant, sacrant, haussant les épaules, et montrant peintes sur son visage toutes les incertitudes.

Enfin, se laissant tomber sur un fauteuil, il m'appela :

— Clotilde, j'ai eu tort évidemment de te traiter hier soir avec tant de vivacité, et je m'en excuse... Tu n'as que dix-huit ans, mais en toi la raison et le jugement n'ont pas attendu l'âge : tu aurais certainement compris mes raisons, si j'avais eu hier soir le loisir de te les exposer...

Tâche de retrouver tout ton sang-froid pour m'écouter, ce matin... Hélas ! ma pauvre enfant, j'en conviens, tu n'as été que trop tôt formée, par ma faute, à la rude école du malheur. Ne m'accable pas en me rejetant de ta vie, sous prétexte que je t'ai si longtemps écartée de la mienne. Tu ne sais pas combien cette séparation m'a coûté de regrets, de remords. C'est pourquoi, si tu l'exiges, je suis prêt à tout, plutôt qu'à te laisser en proie aux cruels fantômes qui sans doute t'ont tourmentée toute cette nuit et menacent de dévorer sous mes yeux ton cœur.

Il se tut et me considéra un instant en silence. Je n'avais pas bougé d'un pas et continuais de l'écouter sans sourciller. Il me crut intraitable, alors que depuis longtemps j'eusse rompu l'entretien, si je n'avais résolu de l'entendre jusqu'au bout. Non pas que je fusse ébranlée par ses bonnes paroles, après un si brutal affront ; mais ma curiosité égalait mon orgueil. Je voulais savoir ce qu'il était capable d'inventer pour excuse.

Il secoua tristement la tête :

— C'est déjà pour moi un rude châtiment que ma Clotilde, au lieu de s'en remettre à son père avec confiance, à propos d'un incident aussi banal, exige de moi des comptes comme d'un criminel... Ne comprends-tu pas, malheureuse, que, pour satisfaire à ton caprice d'enfant, je risque de manquer aux plus effroyables serments et de nous faire courir à tous deux des dangers pires que toutes les horreurs que tu t'es plu peut-être à imaginer sur mon compte ?... Pourquoi me torturer à ce point et exiger de moi l'impossible ?

Obstinément, je me tus. La plainte avait failli d'abord me toucher, mais elle avait surexcité ma passion de savoir.

— Tu le veux donc ? cria-t-il avec un semblant de colère...

— Oui... Parle.

— Soit ! Le sort en est jeté. Tant pis pour moi, et pour toi peut-être. Ce sera ta faute... J'étais établi depuis quelques mois à peine à Stamboul qu'un affreux malheur fondait sur moi. Pour m'étourdir, après vous avoir quittées, ma femme et toi, je m'étais livré au jeu avec frénésie. Je me laissai entraîner un soir par ma passion dans un étrange tripot de Péra où quelques aventuriers internationaux menaient un jeu d'enfer. Après avoir considéré un moment la partie principale, je pris place à une table où des inconnus semblaient s'intéresser à des enjeux plus modestes. Ce n'était qu'une feinte. On cherchait à m'attirer. A peine assis, je vis s'étaler et grossir devant moi une immense fortune. Puis la chance naturellement tourna. Je perdis peu à peu le trésor amassé si vite. Bref, quand je quittai ce tripot sinistre, je devais sur parole 60.000 lires à mes partenaires... Tu sais ce que sont ces dettes d'honneur et quel en est l'habituel règlement. Où aurais-je trouvé pareille somme en un jour ? Dans le monde des ambassades ? Je m'y serais déconsidéré en tentant d'emprunter cet argent. Unanimement on y aurait condamné ma légèreté, et je brisais du coup ma carrière. Dans le monde ottoman ? Je n'y avais pas un ami de qui réclamer un service aussi considérable. Résigné à me faire sauter dans la nuit la cervelle, je m'étais donc enfermé chez moi, à écrire une dernière lettre destinée à t'être remise plus tard, mon enfant, quand un visiteur turc s'annonça, força ma porte, malgré les instructions que j'avais données à mon drogman et parvint jusqu'à moi, un sourire aux lèvres :

« *Vous avez,* me dit-il, *grâces en soient rendues à Allah et à son prophète !* *des amis fidèles qui veillent sur vous avec plus de soin que vous n'avez fait vous-même. Vous avez commis, mon cher, une terrible imprudence ; mais nous ne vous laisserons pas dans l'embarras. Voici vos 60.000 lires. Personnellement, il m'eût été difficile de vous les avancer ; je cours depuis ce matin pour vous trouver ces fonds, et les voici. — Comment vous rendrai-je ?... — Vous rendrez quand vous voudrez et comme vous pourrez. Croyez-moi, le meilleur moyen de vous acquitter est encore d'entrer dans cette Société dont je vous ai parlé si souvent...* »

Et ici, mon père, au cours de son récit, m'apprit l'existence à Constantinople, d'une Grande Loge des Illuminés d'Orient, reliée elle-même à six autres Grandes Loges souveraines qui, d'un bout à l'autre de la terre, avaient la haute main sur la Maçonnerie commune et sur les autres Sociétés secrètes.

Le chef suprême de cette Loge portait le titre de Grand Orient et s'appelait alors Allah Verdi, dont le successeur devait être le fameux Bou Ahmed, plus tard devenu Ahmed Pacha.

— A quelque temps de là, reprit mon père, je fus reçu par Allah Verdi en personne qui me combla de prévenances. Il poussa même la délicatesse jusqu'à prétendre n'avoir aucune connaissance du prêt qui m'avait été consenti. C'était le Grand Maître de la Loge qui avait joué, me dit-il, à son propre compte, ce rôle de terre-neuve, dont il avait l'habitude : car, à la Loge, tous les initiés sont frères et se doivent un mutuel secours... Quand je le quittai, j'étais devenu son Adepte, j'avais pris tous les engagements qu'il pouvait souhaiter : entre autres, celui de me rendre d'urgence à toute convocation, au signal que tu as entendu cette nuit, mon enfant, et si mal interprété.

Ce long récit m'avait un peu détendue, non tout a fait désarmée

— Tu dois comprendre, Clotilde, insista mon père, la gravité de la confidence que je te fais. Mes serments à la Loge me l'interdisaient sous les peines les plus sévères, et d'autre part le gouvernement turc, si ombrageux, si despotique, proscrit absolument ce genre de sociétés secrètes dont nul ne doit par conséquent soupçonner l'existence. D'un côté comme de l'autre, si la moindre parole, si la moindre démarche de ta part allait trahir que je t'ai mise dans le secret, c'est pour nous la mort ou pis encore... Mais je te sais Italienne, Clotilde Bersone, et capable, bien que femme, de tenir ta langue : tu ne tromperas pas la confiance que j'ai mise en toi.

Je daignai le lui promettre en quelques mots.

Chose curieuse ! je ne doutais guère que ce récit ne fût sincère en grande partie cependant quelque chose sonnait faux dans l'accent de mon père et sentait encore le calcul. On eût dit par instants qu'il récitait un rôle, touchant, non spontané. Sans bien démêler la cause de mon inquiétude, je continuais de me méfier.

Il crut qu'il ne s'agissait que d'un reste de mes soupçons de la nuit et, de lui-même, pour dissiper tous mes doutes, il m'offrit de me faire visiter la Loge dans la journée.

Ce fut à mon tour de m'étonner. Je lui objectai ma crainte de nous voir surpris au cours de cette visite indiscrète. Je vis à son geste d'indifférence qu'il redoutait beaucoup moins qu'il ne le disait pareil accident :

— Bah ! fit-il, je sais l'heure où tout le personnel est au dehors ou occupé. Pas d'intrus à craindre…

J'acceptai.

Mais déjà le sentiment perçait en moi que cette visite soi-disant subreptice avait été combinée, cette nuit, entre mon père et ces mystérieux conjurés, et que ses prétendues confidences elles-mêmes lui avaient été dictées. En un mot il s'agissait moins de me faire faire la connaissance de la Loge, pour achever de dissiper ma méprise de la veille, que, pour la Loge, prévenue de ma présence, de mettre la main sur moi ; et mon père s'était plié à ces exigences, soit que je dusse servir d'instrument à ses ambitions personnelles, soit qu'on le tînt d'assez près pour pouvoir tout lui demander. Dans l'un comme dans l'autre cas, je devais repousser ses offres. Malheureusement ma présomption était telle que je me flattais, et de démêler ce secret plus important pour moi que celui des Sectes, et de me venger de mon père lui-même, le cas échéant, en retournant contre lui ses odieux calculs.

Avant de nous séparer, devant la froideur de la réconciliation, il eut comme un dernier mot du cœur et répéta :

— Ah ! ma pauvre enfant, comme il eût mieux valu peut-être que tu ne me demandasses rien…

Et, avec une espèce d'horreur qui m'avait déjà frappée cette nuit :

— Belle et orgueilleuse à faire frémir, ma Clotilde ! Ah ! j'ai peur pour toi…

— Que voulez-vous dire ?

— Tu le sauras trop tôt.

Il m'embrassa et me quitta, presque avec la même brusquerie que la veille.

III

PREMIÈRE RENCONTRE AVEC LE DRAGON

Je n'attachai pas à cette bizarre humeur assez d'importance. C'est sans hâte, mais aussi sans ombre d'une hésitation, que je me préparai à la visite annoncée. Ma curiosité était entrée en jeu, une sorte de force intérieure me poussait, et j'aurais juré que j'allais en apprendre bientôt, sur cette secte des Illuminés, bien plus que mon père n'était résolu à m'en laisser entrevoir.

Je n'étais pas dupe des quelques paroles par lesquelles il m'avait donné à entendre qu'il ne s'agissait que d'une association d'honnêtes gens, indépendants et cultivés, en quête d'un honnête passe-temps commun. Mon instruction religieuse était nulle, quant à la Franc Maçonnerie comme pour le reste ; mais j'avais lu Silvio Pellico et toute une littérature, étrangement mêlée, sur les Carbonari. Je me doutais bien qu'un but politique et d'occultes devoirs devaient se mêler à l'innocent programme qu'on affichait pour les profanes. Comment aurais-je deviné la profondeur de l'abîme où consciemment m'engageait avec lui un père que, malgré ma colère de la nuit, je n'avais point deviné à ce point dénaturé ?

Il était environ trois heures de l'après-midi, le 17 décembre, quand je mis enfin le pied pour la première fois, en simple visiteuse, à la Grande Loge des Illuminés d'Orient.

Je n'en donnerai pas une longue description toutes les Loges supérieures du monde sont établies à peu près sur le même plan, quels qu'en soient la forme extérieure, les dimensions, les détails particuliers.

Je m'avisai assez vite que l'étage où mon père me faisait pénétrer n'était qu'une partie du local, l'endroit le plus banal de la maison.

Au-dessus ou au-dessous s'étendaient sans doute les appartements réservés aux vrais mystères — ceux qu'on n'ouvre qu'un à un aux Adeptes.

Quoi qu'il en fût, une première pièce s'offrit à mes regards, comme une vaste salle d'attente : c'est ce qu'on appelle en Orient l'*Avly*, peut-être par réminiscence de l'ancienne *aula* romaine. A droite, le Cabinet noir où le candidat à l'affiliation, me dit mon père, subit ses épreuves. A gauche, une sorte de Vestiaire où les initiés, après s'être débarrassés dans l'*Avly* de leurs coiffures et de leurs manteaux, se revêtent de leurs tabliers et bijoux maçonniques, quelquefois de la toge et d'autres vêtements symboliques, avant d'entrer en Loge.

Entre le Cabinet noir et le Vestiaire, enfin, une sorte de vestibule dont toutes les portes à tambour et les murs même sont capitonnés et étouffent tous les bruits, si perçants qu'ils soient, qui peuvent venir de la salle des séances.

— Oh ! ne pus-je m'empêcher de dire en riant à mon père, voilà bien des précautions pour protéger les innocents plaisirs de gens qui s'amusent.

Il mit, en souriant lui aussi, un doigt sur ses lèvres, pour éviter de répondre, et nous pénétrâmes dans la Loge même ou Temple maçonnique.

C'était une belle salle rectangulaire d'une hauteur inusitée et tout ornée d'un étrange ameublement.

A deux mètres environ de la porte d'entrée, se dressait un squelette ; cette idée macabre me fit sourire comme une invention de Guignol tragique destinée à effrayer les grands enfants.

Par contre, au milieu de la Loge, je tombai soudain en arrêt, malgré mon père qui s'efforçait de m'en détourner, devant un animal étrange, en marbre blanc, étendu sur un piédestal, dans une attitude menaçante. Un sceptre et une couronne brisés sous ses pattes de devant, une tiare sous ses pattes de derrière, il a sept têtes, à figure presque humaine. Plusieurs me semblèrent d'un lion, sans d'ailleurs se ressembler ; plusieurs étaient ornées de cornes.

Une vie étrange, indéfinissable, émanait de ce monstre, dont le multiple regard semblait s'être attaché au mien et me fascinait.

— C'est le Dragon, dit mon père d'une voix sourde. Celui qu'on appelle ici Idra, l'Hydre de la Cabale et des Illuminés.

Il m'arracha presque de force à l'inexplicable attrait qui me clouait devant cette bête, et je ne m'avouais pas à moi-même l'étrange et subit empire de cette effigie sur mon esprit et sur mes sens. La statue était médiocre comme œuvre d'art, et personne, en ce temps-là, n'était plus rebelle que moi au symbolisme compliqué de ces vieilles figures hermétiques où semblent s'être amalgamées les superstitions et les chimères d'un chaos de civilisations aujourd'hui éteintes. Je n'avais plus, hélas ! l'ombre d'une disposition à croire au surnaturel, divin ou diabolique, aux évocations, à la magie, à une entité quelconque, étrangère à l'esprit de l'homme et supérieure, au ciel ou dans les enfers, aux prises de la science moderne.

Et pourtant une sorte de vautour s'était abattu sur mon cœur et l'étreignait comme une proie, à la manière de serres vivantes, contre lesquelles se révoltaient en vain mon orgueil et ma passion d'indépendance.

Par qui, par quoi, avais-je été ainsi captée tout à coup, frappée d'un trouble, d'un émoi encore inconnu dans ma vie, comme si une puissance mystérieuse, jetant sur moi son filet au passage, m'avait faite prisonnière ? Je l'ignorais, je me serais indignée à la seule pensée qu'il y eût même le savoir. L'espèce d'engourdissement, de hantise ou de rêve qui avait fondu sur moi, la durée d'un éclair, me laissait comme anéantie et perdue dans un clair-obscur de fantasmagorie sans forme précise ni volonté.

J'essayai encore de toucher de la main ce marbre pourtant aussi froid, aussi immobile, que n'importe quel lion ou quel sphynx de parade, à la porte d'un villa ou d'un temple ; mon père me saisit le bras, comme si j'allais attenter sacrilègement à la majesté des dieux :

— Non, viens, bégayait-il avec un visible tremblement nerveux... C'est déjà trop.

Et d'un air égaré, où se mêlaient l'accent du triomphe et une sorte d'accablement d'épouvante :

— Je m'en doutais... On me l'avait dit... Tu seras Souveraine Élue, Clotilde Bersone, et la reine des Illuminés, au-dessus de ton père et de nous tous.

Il m'entraînait ; mais au-delà du monstre, adossé au mur, se dressait un tableau gigantesque, qui couvrait aux deux tiers le fond de la salle. C'était le portrait de Mazzini, chef suprême de l'ancienne

Charbonnerie, puis du Conseil des Maîtres parfaits, d'où sans doute avait émané cette nouvelle Secte d'Illuminés supérieurs, maîtresse à son tour de tous les maçons des bas degrés. Mazzini, debout, s'appuyait à un Dragon pareil à celui de la salle. Il tenait à la main une couronne royale dont il semblait arracher un à un les fleurons, avec un sourire ironique et cruel. A ses pieds, le sol était jonché de crânes encore coiffés de la mitre ou du diadème. Mais surtout, — ce qui acheva de pénétrer mon imagination comme un trait de feu, — derrière le tribun, une femme se dressait, fluide et blanche. Elle tendait à Mazzini une coupe remplie de sang jusqu'au bord est tenait de l'autre main un globe terrestre dont le pied était entouré d'un serpent.

Mazzini portait un magnifique costume que j'ai reconnu depuis pour être celui du Grand Orient des Grandes Loges d'Illuminés : sa robe de drap écarlate recouvrait une courte cotte, en flanelle blanche, et s'arrêtait à mi-bras et aux genoux, fixée sur la poitrine par un soleil à trois rayons. Sur le tout, une toge en velours noir lamé d'or, et la couronne à trois branches. A côté de lui, sur un guéridon, les divers instruments symboliques de la Maçonnerie universelle.

Je fus prise d'un frisson. Dans cette femme, dans cette nymphe, il me semblait que je reconnaissais mon image comme dans un miroir, et les yeux du Dragon lançaient des flammes qui m'entouraient d'un tourbillon de clartés fumeuses. Je regardai mon père, comme au sortir d'un cauchemar. Lui aussi était livide :

— Oui, balbutiait-il... Nous avons eu déjà deux Nymphes... Elles sont mortes... Les Grands Orients attendent la troisième, celle qui ne mourra pas et parlera au nom du Dragon.

J'essayai de rire : ce fut une sorte de sanglot strident qui m'échappa :

— Sortons ! lui criai-je... J'ai peur.

Il pesa sur une sorte de manette à gaz. Deux rangées de lustres s'éclairèrent de chaque côté de la salle, l'inondant d'une vive clarté, et je pus considérer l'ensemble de la pièce.

Trois colonnes s'élevaient, de part et d'autre de l'allée principale ; une septième au milieu de la salle. A l'extrémité, au-dessus du fauteuil du président, une croix d'ébène ornée d'un Christ d'ivoire, dont je me demandai la signification dans ce milieu de Turcs et d'athées. Trois autres sièges de chaque côté du siège présidentiel entouraient une table en fer à cheval, que mon père, dans le jargon du lieu, appela : Table hémicyclaire. Enfin, derrière les colonnes, rangées comme des bancs d'école, d'autres places s'offraient, garnies d'encre, plumes, crayons et papier.

Au-dessus, une sorte de galerie, divisée en loges à peu près semblables à celles des théâtres et dont mon père entreprit de m'expliquer complaisamment la destination. Mais j'étais brisée d'une indicible émotion, écrasée par un flot de pensées contradictoires, incapable d'en entendre davantage.

Il dut me ramener à la maison, muette, impénétrable, dans un état voisin de l'hallucination et de la folie.

IV

JONGLERIES ET DÉBAUCHE

Que s'était-il donc passé ? Rien et tout. Je sentais que mon sort était fixé à jamais et n'aurais su dire pourquoi, car jamais non plus je ne m'étais sentie aussi résolue à rester maîtresse de mon destin. Celui-ci s'était seulement singulièrement élargi. Des perspectives inattendues s'étaient ouvertes, où je voulais rester libre de m'engager, mais qui du moins crevaient le mur qui m'avait embastillée jusqu'ici.

Assurée par mon scepticisme de rester toujours au-dessus de toutes les jongleries et de tous les secrets, je rêvais à présent de m'en emparer pour m'en faire un instrument de règne et, par eux, de dominer le monde — ou du moins l'un des hommes, maîtres occultes du monde.

Énergiquement je secouai l'espèce d'autosuggestion qui m'avait troublée d'une façon si ridicule durant l'anodine visite que nous venions de faire à la Loge. Je me gourmandai, je me chansonnai pour cette crise de faiblesse, tout juste digne de la femme-enfant que je m'étais montrée et non de l'Égérie d'un nouveau Mazzini que je pouvais devenir à présent, avec un peu d'adresse et d'audace.

Quant à mon père, de plus en plus il me semblait lire au fond de son cœur. C'est en vain qu'il m'avait joué, jusqu'aux pieds du Dragon auquel il m'avait conduite, la comédie de la tendresse alarmée. Il savait beaucoup plus de choses qu'il ne m'avait dite et n'était décidément auprès de moi que l'intermédiaire d'une puissance supérieure. On le faisait agir, soit par une crainte vile, soit par vile ambition d'une place subalterne. Dans l'un et dans l'autre cas, quelle bassesse de sentiments ! A quelles médiocres combinaisons ne sacrifiait-il pas l'amour et la protection d'une enfant à peine retrouvée ? Ma folle colère de la nuit une fois passée, je le haïssais moins ; mais combien plus je le méprisais. Un dégoût profond, sans remède, comme un spasme perpétuel du coeur, m'éloignait à présent de lui, de même qu'une sécheresse sans nom m'avait pour jamais écartée de ma mère, si sèche elle-même et avare de tendresse. Ce jouisseur et ce prodigue sans envergure ne valait pas mieux. Par lui donc, je monterais à l'occasion jusqu'au sommet, sans profit pour lui, et ce serait ma vengeance...

Quand je le revis, je lui parlai comme une souveraine encore offensée donnant ses ordres :

— Comment assister maintenant, sans être vue, à l'une des séances de la Loge ?

— Oh ! cela est absolument impossible.

— J'y tiens pourtant, et coûte que coûte j'y parviendrai.

Il réfléchit un instant :

— Eh bien, soit ! Mais il n'existe qu'un moyen. Il faut obtenir la permission du Grand Orient. Je la lui demanderai...

Je vis ses yeux sourire comme à un plaisant souvenir :

— C'est même assez drôle... Tu verras !... Tu ne reconnaîtras personne, et personne ne te reconnaîtra.

A un je ne sais quoi, je sentis de nouveau qu'il mentait. Était-ce seulement parce que ma demande était prévue et la réponse du Grand Orient concertée d'avance ? En tout cas, elle ne fut pas longue à venir. Seulement, avant cette séance quasi publique, Ahmed Pacha voulait me voir. Je consentis à cette visite avec empressement, agitée de nouveaux rêves : j'en devais revenir assez déçue.

Certes, le vieil Ahmed Kaiserli Pacha avait encore grand air malgré ses quatre-vingt ans, et il m'accueillit comme s'il se fût agi d'une princesse lointaine. Il me fit visiter tout son palais où s'étalait un faste oriental ; je pénétrai avec lui jusque dans son sérail, où trois cents femmes, libres ou esclaves, vivaient enfermées à la disposition de ce vieillard. Il affecta, durant le dîner, une courtoisie et une amabilité raffinées, qui ne laissaient rien deviner de l'intraitable général qui devait commander encore à la victoire devant les Russes, ni du féroce partisan qui, l'année suivante, allait déposer et peut-être faire assassiner le sultan Abd-ul-Aziz.

Au fumoir, où nous nous rendîmes, ses discours, sa physionomie finirent pourtant par m'indisposer.

Il affectait une impassibilité de visage qui seyait à merveille, sous le turban, à son net profil de médaille et à ses traits creusés ; mais ses yeux brillaient, entre les paupières plissées, d'un éclat de ruse et parfois de méchanceté sans égale. On le devinait féroce et fin.

Lui-même vanta longuement, au cours de notre conversation, mon esprit, ma culture, mes talents. Il me confirma ce que m'avait appris mon père, à savoir que les Grandes Loges d'Illuminés n'acceptaient de femmes qu'à titre exceptionnel et par ordre supérieur ; qu'il en était passé déjà deux dans leurs rangs, dont on n'avait pas eu à se louer ; mais qu'on attendait merveille d'une troisième, dont le choix paraissait tout proche. Qu'il ne doutait pas, pour sa part, que je ne fusse cette Femme élue et bénie d'avance. Qu'au surplus il en parlait avec désintéressement, sachant bien que, même si j'acceptais d'être affiliée à la Loge de Constantinople, ce ne serait pas pour m'y fixer, étant appelée à jouer un plus grand rôle sur un plus haut théâtre.

Et il multipliait à mon égard, pour ponctuer chacun de ces compliments, les obséquiosités les plus inattendues.

Enfin, comme je ne répondais toujours ni oui ni non, il finit par déclarer, en m'adressant le salut maçonnique, qu'il se faisait un point d'honneur de me considérer en tout état de cause comme une Adepte avant toute épreuve, en raison de la puissante protection qu'il savait s'être étendue sur moi.

— Quelle protection ?

Je ne pus rien tirer de lui davantage, non plus que de mon père, de retour à la maison : ce qui acheva de m'irriter profondément contre tous deux.

Aussi, malgré leurs instances, pris-je la résolution d'attendre la fameuse séance à laquelle j'avais été conviée et qui se trouvait à présent fixée au 22 janvier 1875, pour accepter d'autres propositions. En vain mon père me pressait de céder aux avances d'Ahmed Pacha. Jetant le masque et dévoilant enfin ses honteux mobiles :

> — Tu as tort, ma petite, me répétait-il sans cesse. Tôt ou tard, tu consentiras, car nul n'échappe au sort décidé par les Hautes Puissances. En te faisant recevoir tout de suite Adepte par notre Loge, tu me gagnerais les bonnes grâces de Bou Ahmed, flatté d'avoir assuré aux autres Orients une pareille recrue. Nos frères sont partout nombreux et forts : j'obtiendrais de l'avancement

à mon ambassade. Qui sait ? On me ferait envoyer ailleurs, où tu voudrais, et tu resterais pour toujours le bon génie de ma carrière.

Je le priais sèchement de ne pas insister, et il se taisait, se faisait petit comme un chien battu. Mais je devinais qu'il comptait bien sur le résultat de la prochaine assemblée pour venir à bout de mes dernières résistances. Je représentais désormais pour lui son meilleur atout dans la vie. Je l'aurais mordu.

Et le matin même de la réunion, une nouvelle scène, moins violente et plus amère éclata entre nous.

Je m'étais assurée, pour la séance, d'une toilette élégante et sobre, simple robe de velours noir, avec une parure du même goût. Soudain un émissaire d'Ahmed Pacha se présente à la maison, porteur d'une rivière de diamants d'un prix considérable. Je voulais refuser ce trop riche présent, trouvant le procédé cavalier à l'égard d'une jeune fille ; mon père parut n'en ressentir aucun embarras. Il m'expliqua qu'en Orient les hauts personnages en usent volontiers ainsi envers les étrangères, et, en effet, quelques autres cadeaux que je reçus de Madame l'ambassadrice du Portugal, de Madame la comtesse de B., de M. le marquis Spagnolini m'apprirent un peu plus tard que réellement l'usage était reçu dans un certain monde. Il me sembla ce jour-là un affront. Je reprochai avec fureur à mon père de me le faire supporter et de vendre ainsi l'honneur de sa fille à tout offrant. Il ne répondait même plus, fatigué qu'il était de mon intraitable caractère et soucieux d'éviter un esclandre si, au dernier moment, je refusais de me rendre à l'invitation sollicitée.

Car il fallait, bon gré mal gré, assister à cette maudite séance, ces pierres au cou, ou n'y point aller.

Je me décidai à partir, assez tard dans la soirée : les diamants me brûlaient l'épaule comme un fer rouge.

A 11 heures et quelques minutes, je faisais avec mon père mon entrée en Loge.

Tous les bancs des bas-côtés étaient déjà garnis ; toutes les loges étaient bondées. Sur les sept fauteuils des Grands Initiés, six étaient occupés. Seul le Grand Orient n'était pas là.

Je n'y pris pas garde tout d'abord. Dès le premier coup d'œil j'avais été saisie d'une frayeur instinctive, et, malgré ma résolution de ne m'étonner de rien, je me trouvais toute déconcertée.

Aucun des assistants n'avait figure humaine. Tous étaient affublés de têtes de chevaux, de couleur différente, soit qu'au vestiaire ils eussent revêtu ces masques de carton comme pour un bal costumé, soit, comme je m'en convainquis plus tard, qu'il se fût agi d'un prestige mystérieux de la Secte : car ces têtes paraissaient animées et vivantes.

Bientôt je fus plus choquée encore qu'intriguée par ce déguisement. Tout bas, je demandai la raison de cette mascarade à mon père ; il ne me répondit que par un faux-fuyant : à savoir que j'avais désiré n'être pas reconnue, et que la règle de la Loge était aussi qu'on ne reconnût

Aucun des assistants n'avait figure humaine. L'emploi de ce procédé magique qui les coiffait tous de têtes chevalines au lieu des vrais visages. Ce qui me convainquit peu. Je voyais mon père lui-même au naturel, comme je pouvais m'apercevoir en personne dans ma glace de poche, et seule, par conséquent, j'étais vue de tous et ne voyais rien. Cette nouvelle tromperie, intérieurement, m'indigna.

— Où est Ahmed Pacha ? demandai-je, et pourquoi n'est-il pas présent ?

— Ses grandes charges à la Sublime Porte l'auront retenu, répondit mon père de plus en plus gêné.

— Je le regrette, dis-je presque tout haut. Lorsqu'on a convié quelqu'un à une fête, on s'y rend ; et ce Monsieur manque au surplus le délicat étalage des diamants qu'il me fait porter.

Mon père me serra le bras avec effroi, en agitant brusquement devant mes lèvres mon éventail : un habile écho, comme je le sus plus tard, permettait de saisir la moindre de nos paroles à des sténographes apostés derrière les cloisons.

Par bonheur, d'autres éclats de voix remplissaient la salle. Au dessous de moi, différents orateurs échangeaient d'un ton suraigu les plus grandiloquents et les plus vides discours que j'aie jamais entendus : il y était question surtout de l'intérêt des Peuples, des devoirs des gouvernants, etc.

Cependant, dans la tribune en face de la nôtre, un inconnu à tête de cheval ne cessait de me dévisager fixement, et mon instinct me fit deviner en lui Ahmed Pacha, qui cherchait à m'étudier de plus près sans être vu, comme j'en eus confirmation plus tard.

Au moment du départ, à trois heures du matin, je reçus de sa main, dans l'*Avly*, une invitation en forme au dîner qui devait suivre. L'épreuve sans doute lui avait paru favorable, et j'acceptai, décidée à pousser jusqu'au bout la triste expérience de ce jour-là.

Avec mon père, je descendis dans une grande pièce souterraine qui se trouvait au-dessous de la Loge. Là avaient entièrement disparu les masques de chevaux, et Ahmed Pacha en personne vint tout souriant à ma rencontre. Je pris place à ses côtés. Nous n'étions plus que six convives, et ce fut d'abord un dîner de bonne société, avec un peu d'excès seulement quant aux vins. A six heures du matin, on buvait encore, malgré toutes les prescriptions du Coran. Ahmed Pacha était même complètement ivre, et peu à peu le festin tournait à l'orgie. D'inqualifiables propos se faisaient jour, et je distinguai, dans une salle à côté, les préparatifs d'une autre débauche.

Écœurée, je fis signe à mon père qui heureusement avait conservé tout son sang-froid, et je pus me retirer avec lui sans prendre congé.

En route, je ne lui fis aucune réflexion sur ce que je venais de voir, et je crois qu'il m'en sut gré : ses amis avaient vraiment passé toute mesure, et lui-même ne pouvait plus me croire inconsciente des hontes du milieu où il me précipitait de ses propres mains.

Arrivée enfin dans ma chambre, c'est avec transport que je quittai mon costume de parade et ces bijoux qui me faisaient monter la rouge au front. Puis je me jetai sur un sopha pour y réfléchir et m'y reposer à la fois.

Le parfum des narguilés dont j'étais encore tout imprégnée me montait lentement à la tête ; j'ouvris m fenêtre pour aspirer l'air frais du matin :

— Quoi, me disais-je, est-ce là ces hommes puissants, en quête d'une sagesse supérieure ?... Cependant ils risquent leur vie et les pires tortures pour s'adonner à ces divertissements ignobles ou stupides. Quel mystère se cache derrière la farce odieuse qu'ils paraissent se jouer les uns aux autres ? Est-ce ainsi qu'ils espèrent me duper ? Non, je n'entrerai pas dans cette société d'incapables et de viveurs. Et si je m'associe jamais à un complot il me le faut autrement sérieux et de plus d'envergure.

Mais si les hommes avaient déçu mon attente, au-dessus d'eux, hélas ! veillait une Puissance qui ne me lâchait plus.

V

LA CHAMBRE DES TORTURES

Mon père ne reparut que vers dix heures. Il s'informa, sur le ton du plus banal intérêt, si je n'éprouvais pas une trop grande fatigue et n'ajouta rien. Manifestement, il avait deviné combien la fantasmagorie de la nuit, loin de vaincre mes dernières résistances, avait ancré en moi la résolution de ne rien demander et de ne plus rien recevoir désormais d'Ahmed Pacha ou de la Loge des Illuminés d'Orient. Son beau rêve d'avancement s'écroulait avec ses premiers projets, et il me quitta presque tout de suite, préoccupé de courir ici et là pour prévenir le coup qu'une rupture probable allait porter à son crédit personnel. Je ne le revis plus de la journée.

A peine le rencontrai-je davantage les jours suivants. Il s'était à nouveau adonné sans frein à ses plaisirs, à ses vulgaires préoccupations de carrière. Non seulement sa fille inutile ne l'intéressait plus ; il m'en voulait de l'avoir si mal servi, en refusant de me rouler avec lui dans la boue.

Cependant rien ne paraissait au dehors de ma disgrâce. Depuis cette malheureuse séance de Janvier, les invitations au contraire se multipliaient à mon adresse dans la bonne société, et, tandis qu'à nouveau le vide se faisait désespérément dans mon cœur, je vivais dans un tourbillon de fêtes et d'hommages.

Plus de nouvelles de Bou Ahmed. Toutefois la pensée de la Loge ne me quittait pas pour autant. Si l'orgie finale m'avait révoltée et la scène des apparitions laissée froide, cette fantasmagorie ne cessait, cependant, de m'intriguer. C'était comme un agacement de toutes les heures. Je cherchais en vain à lui trouver une explication naturelle et scientifique, selon toutes les exigences rationalistes de mon esprit. Aucune solution ne me satisfaisait pleinement.

Et puis, par cette médiocre préoccupation, ma pensée rejoignait à chaque instant une autre pensée fulgurante dont je n'arrivais pas à me débarrasser : celle de l'Hydre aux sept têtes, du Dragon de marbre blanc, là-haut, dans la Loge silencieuse, sous la main de la Nymphe aux cheveux d'or, derrière un Mazzini de mélodrame...

Un soir, mon père, assez timidement, m'annonça qu'il avait quelques arrangements personnels à prendre à la Loge et me demanda s'il me déplairait de l'accompagner pour une banale petite réparation de frange à un drapeau, ouvrage auquel il ne s'entendait pas. J'hésitai une seconde à lui répondre. Le souvenir de ce mystérieux local m'était devenu pénible, et je redoutais une nouvelle machination. En même temps mon indomptable orgueil me fit craindre de paraître pusillanime :

— Soit, répondis-je. Allons !

Je le suivis, la tête bourdonnante. Nous descendîmes jusqu'à la pièce où nous avions soupé l'autre nuit, et je m'y installai pour remplir la tâche qu'il m'avait assignée.

Mais tandis que je tirais tranquillement l'aiguille, je m'aperçus qu'après s'être assuré furtivement que j'étais toute à ma couture, il ouvrait derrière moi avec précaution une porte secrète :

— N'aie pas peur, me cria-t-il de là. J'ai un autre accessoire à aller chercher. Je reviens dans un instant.

— Bon, lui répondis-je de ma place. Faites vite. Je n'aimerais pas rester seule ici.

Et à peine avait-il tourné les talons qu'emportée par ma curiosité, je descendais derrière lui. Il ne m'entendit qu'au moment de franchir un second passage : déjà il était trop tard pour me barrer le chemin. En vain il me conjura de retourner sur mes pas et d'abandonner le funeste projet de l'accompagner plus loin :

— Non, lui dis-je. N'insistez pas. C'est une chose résolue. Vous savez à quoi vous en tenir sur ma discrétion ; vous n'avez rien à craindre... Depuis longtemps, je me doute de ce qu'il peut y avoir derrière vos soi-disant agapes fraternelles : je veux savoir le reste, et je le saurai.

A travers un dédale de corridors et d'escaliers, nous parvînmes en discutant ainsi jusqu'à un caveau bas, voûté :

— Restons-en là, dit encore mon père. A quoi bon t'étaler ce spectacle ? J'ai peur de t'effrayer. Je le regardai avec un dédain cinglant :
— Où vous allez, qu'est-ce qui pourrait bien m'épouvanter ?

Il ouvrit, sans prévoir lui-même toute l'horreur du spectacle qui nous attendait, et nous nous trouvâmes dans une sorte de crypte pleine d'instruments de torture. Je pensai sourire, comme devant un attirail de théâtre. Mais, à terre, gisaient encore des débris sanglants ou décharnés : des mains, des pieds, des bras, des têtes. Et sur cette boucherie une abominable odeur de charnier.

Face à face, dans ce décor de drame romantique, deux mannequins, auxquels seuls mon père avait songé, se dressaient, la tunique maculée de sang. L'un portait la couronne, et l'autre la tiare. A côté, un stylet, des poignards encore gluants attestaient que ces armes homicides des parades initiatiques n'avaient pas frappé seulement une cage d'osier ou une vessie pleine de carmin, mais une chair vivante, une chair humaine, — et que la coupe que tendaient les Nymphes, en ces lieux maudits, aux grands rédempteurs des Peuples, n'étaient pas seulement par métaphore, mais en réalité, une coupe de sang encore tout chaud du meurtre des victimes.

Que vous dirai-je ? J'étais atterrée, délirante, et en même temps, je sentais, à la vue du sang, hennir en moi je ne sais quel instinct farouche de condottiere ou de carbonaro : le goût, le goût maudit de ce sang des hommes, plus enivrant que l'appétit des pires luxures.

Avec un cri sauvage, les yeux hagards, montrant du doigt les sept faces effroyables du Dragon qui me paraissaient monter du fond de l'abîme parmi des fumées tournoyantes, je m'abattis sans connaissance et ne retrouvai mes sens que bien des heures après, étendue dans ma chambre, sur mon lit, tout habillée.

Mon père, à mon chevet, livide, me dévorait des yeux. Il eut un soupir de soulagement en voyant que je me ranimais enfin et répondais sans délire à ses premières paroles. Il avait craint que ma tête ne se fût tout à fait égarée, et des larmes coulaient le long de ses joues encore frémissantes. J'étais même sur le point de lui être reconnaissante de tant de chagrin ; par malheur, il ouvrit la bouche, et je vis qu'il continuait à ne penser qu'à ses propres périls, à son existence compromise

— Je te l'avais dit, petite fille... Pourquoi cède-t-on toujours, lorsque tu parles sur ce ton, avec ces yeux de flamme, qui semblent commander à l'enfer ? Nous sommes en Turquie ici, et tu as vu ce qu'y pesait la vie d'un homme. Si le Grand Orient apprenait que je t'ai laissée surprendre ce mortel secret avant toute épreuve, nous aurions chance d'aller finir à notre tour, moi dans cette horrible chambre de torture, et toi au fond de son harem, avilie aux plus basses besognes et en proie à la bestialité des esclaves.

Je lui fis signe de la tête qu'il n'avait rien à craindre, et, pour qu'il me laissât en paix, je feignis de me retourner vers le mur pour dormir, fixant à grands yeux les tentures, où, inlassablement, coulaient, coulaient sans fin des ruisseaux de sang vermeil.

Mon père, de plus en plus effrayé, ne me quitta point de tout le jour. Il se fit servir chez moi et mangea très peu. Je ne touchai à rien. Il me semblait que tout aurait désormais pour moi, toujours, le goût de ce sang maudit. Et 'en même temps que j'en éprouvais la nausée, une soif affreuse de ce même sang me dévorait les entrailles. J'éprouvais des tentations lancinantes d'affreuses vengeances.

Je n'avais, pensais-je, qu'à livrer à la police ottomane le secret des Illuminés. Ils seraient bientôt tombés dans le traquenard qu'on leur pouvait tendre, soit à la grande Loge de Buyuk-Déré, soit à la succursale de Galata. A leur tour, Bou Ahmed et mon père en tête, ils tâteraient des atroces supplices qu'ils avaient infligés aux autres. Et face à leurs complices des autres pays, libre alors à moi d'entreprendre, contre la Société tout entière, à travers le monde, une lutte gigantesque, à la taille enfin de mon génie et de mon orgueil.

Seulement, au rebours de ces desseins, à la fois trop vertueux et parricides, une autre force monstrueuse luttait en moi. En dépit de l'horreur du premier choc, la Secte des Illuminés grandissait dans mon imagination, lavée, dans ce sang, du ridicule et des souillures de ses jongleries de façade. Derrière ce voile de comédie, je devinais enfin toute sa perversité satanique et l'existence du réel et terrible secret qu'il fallait défendre et venger au prix de tant de meurtres consommés dans l'ombre. Il ne me devenait plus si indifférent de devenir la sujette et peut-être la reine de la Secte terrible qui osait mettre en œuvre de tels moyens.

A moi le secours de toute mon audace, pour franchir d'un bond les bas degrés du trône où s'était avili mon père, et je serais payée enfin de tant d'épouvantes, de dégoûts et de désespoirs ! A moi la couronne et peut-être le cœur du futur Libérateur du genre humain, qui, au prix de tant de crimes, ferait enfin régner sur la terre le bonheur tout au moins animal et le grand orgueil pessimiste d'une humanité maîtresse de la nature et rivale de Dieu !

Double idéal, projets contradictoires qui m'enfiévraient sur ma couche comme un cauchemar...

— Clotilde, proposa doucement mon père, lorsque tomba la nuit, peut-être ferions-nous bien de sortir un peu. Prenons l'air quelques instants. La nuit est fraîche et paisible sur le Bosphore.

J'acceptai, dans l'espoir de calmer ma tête en feu.

En arrivant au quai, je pensais que nous allions prendre l'un ou l'autre des bateaux à vapeur qui mènent à la Corne d'Or ; mon père fit détacher de la rive une barque qui lui servait à la dérobée pour ses courses personnelles. Nous nous assîmes à l'avant. Deux bateliers ramaient à l'arrière, et lentement nous nous dirigeâmes vers Thérapia. Un magnifique ciel d'Orient se reflétait dans les flots tout éclairés des lumières de la rive. Une immense paix semblait s'être abattue sur moi du fond de l'éternel mystère.

En même temps un autre vertige très doux, comme une désespérance infinie, désormais sans révolte et sans cris, me faisait lentement glisser sur les bords de la barque et me pencher vers la vague, comme pour y rafraîchir ma main brûlante ; et soudain, comme nous arrivions à la pointe de Yénikeui, je roulai à l'abîme, inerte, heureuse, bercée du mouvement doux dont j'avais en vain rêvé toute ma vie aux bras d'un père aimant, sur les genoux câlins d'une mère.

Mon père, qui s'était jeté à la nage, eut toutes les peines du monde à me retrouver sous les flots et à me hisser évanouie à bord de la gondole.

VI

AU FIL DE LA DESTINÉE

Que n'étais-je restée au fond du Bosphore ! Huit jours, j'eus la fièvre et demeurai entre la mort et la vie. Chaque matin, Ahmed Pacha faisait prendre de mes nouvelles ; chaque soir, de nombreuses visites s'inscrivaient à la porte. Je ne voulus recevoir personne et déclarai net à mon père que j'avais décidé de repartir au plus tôt pour l'Italie.

Il y consentit, après m'avoir fait promettre de ne plus attenter à mes jours, de ne pas l'oublier tout à fait et de consentir à quelques visites d'adieu, dont la dernière fut pour Ahmed Pacha.

Celui-ci me reçut avec unes courtoisie de plus en plus accentuée. En termes choisis, il m'exprima ses regrets de me voir quitter Stamboul et l'espoir que ce départ précipité ne romprait pas toutes relations entre nous. De la Loge, il ne me parla qu'avec une exquise discrétion, et, relativement à ma réception régulière comme Adepte, s'en tint à des banalités de bonne compagnie, auxquelles je répondis par des excuses non moins réticentes de jeune fille bien élevée. Sans y insister, il m'avertit que son intention était de répondre à mes objections par lettre, — si toutefois je lui permettais de m'écrire, — seulement quand je serais à Paris.

— Je ne vais pas à Paris, lui dis-je. Je retourne en Italie.

— Oui, mais Paris, un jour ou l'autre, vous attirera fatalement, et d'ailleurs ON vous y veut. C'est là que tôt ou tard vous serez des nôtres.

— Jamais, lui affirmai-je avec vivacité.

— Ce serait dommage, se contenta-t-il de répliquer à cette

déclaration presque outrageante. En tout cas, je garderai de vous le souvenir impérissable d'une femme de tête et de cœur. Belle, intraitable et supérieure à tous les préjugés, c'était de quoi faire notre orgueil à tous.

Je m'inclinai pour rompre l'entretien : car en dépit de l'exquise correction des paroles, le regard bridé et luisant de ce Haut Sectaire impénétrable me remplissait d'un secret malaise. Il me semblait qu'il savait tout de mon histoire passée, même ce que mon père m'avait fait jurer de lui en cacher, qu'il en avait arrangé toutes les péripéties en apparence les plus incohérentes, et qu'il continuait à jouer, malgré ma fuite prochaine, de tout mon avenir, comme un tigre de la gazelle aux abois.

Au moment du départ, avec mille formules de politesse, il me demanda encore si j'aurais l'extrême obligeance de me charger de certains papiers à remettre de sa part, lors de mon passage à Athènes, à l'ambassadeur de la Sublime Porte près le roi de Grèce, et qu'il ne saurait confier qu'à moi. Je flairai le piège ou la machination, et le regardai fixement, sans ciller, tandis que sa main lentement, implacablement, me tendait le large pli marqué de cinq cachets de cire sanglante.

Subjuguée, je pris quasi machinalement sa lettre et me retirai à reculons, tandis qu'il me saluait d'un dernier salut bizarre, que je reconnus beaucoup plus tard pour être celui des Hauts Initiés, tout en prononçant une sorte d'invocation qui me parut cabalistique :

— Que l'Esprit te protège et te ramène parmi nous, glorieuse et puissante, ô Nymphe élue, ô Inspirée !... Toi que le Dragon a choisie entre toutes les femmes...

Quinze jours plus tard, je m'embarquais sur le paquebot Segesta, accompagnée à mon insu d'un émissaire du Grand Orient chargé de s'assurer si, à mon passage au Pirée, je remplissais correctement la mission dont on m'avait chargée ; et, au bout d'un mois, je débarquais à Gênes où ma mère m'attendait.

Hélas ! Je la retrouvai plus fermée et moins maternelle que jamais.

Deux fois, durant les mois qui suivirent, je fus demandée en mariage par des jeunes gens que j'estimais et avec qui j'aurais peut-être réussi, comme tant d'autres, à fonder un honnête foyer. L'un surtout m'était secrètement cher, et je l'aimais tout bas. Je ne veux pas mêler son nom à cette impure histoire ; du moins que mon aveu et son clair souvenir brillent un instant à travers tant de pages souillées. Ma mère écarta impitoyablement l'un et l'autre de ces prétendants, trop fiers pour insister : elle ne les jugeait pas assez riches pour notre condition. Peut-être aussi les estimait-elle trop chrétiens pour lui garder une longue considération en voyant quelle épouse elle leur avait préparée !

J'achevai de la détester de toute la force de cette suprême espérance perdue ; et dans la même haine, j'englobai définitivement mon père, qui ne me donnait plus signe de vie.

Cependant j'avais trouvé de moi-même un troisième prétendant, et, celui-là, ma mère semblait prendre à tâche de me jeter dans ses bras. Il s'agissait du comte Daniel F*** Il était jeune, agréable de sa personne, muni d'une grosse fortune ; il m'aimait, lui aussi, au moins d'une certaine passion fougueuse et grossière. Bien volontiers j'aurais consenti à être sa femme, et c'est à quoi visait ma mère ; il avait d'autres desseins et ne cherchait qu'à faire de moi sa maîtresse.

Ardemment, il me proposait de m'enlever, de partir avec moi pour Paris, et, peu à peu, la tentation me poignait de partir, en effet, seule ou avec lui, pour échapper à ma mère et à cette détresse atroce pour mon cœur, vers cette capitale de la pensée libre et des libres mœurs, où un obscur appel me sollicitait sans cesse de renouer les fils de mon destin.

Or, un soir que je débattais seule avec moi-même ces coupables pensées, on me remit un pli dont la suscription me fit tressaillir. Elle était d'Ahmed Pacha.

Ce n'était pas encore la lettre qu'il m'avait annoncée, mais une autre proposition, flatteuse comme une invite, impatiente comme un rappel :

Si vous n'avez encore pris, m'écrivait-il, aucun engagement pour l'avenir, je puis vous offrir un poste éminent, honorable et actif. Un de mes amis, qui réside à Paris m'a demandé de lui indiquer une dame instruite, distinguée, discrète et courageuse, à laquelle on pût confier quelques affaires sérieuses dont on l'instruira plus tard, Où trouver cette merveille en dehors de vous ?

Quelques mois de réflexion ont sans doute bien modifié vos sentiments à l'égard d'un grand office à remplir dans nos sociétés, et sans doute n'auriez-vous plus autant de répugnance à entrer darts une association qui vous a prodigué tant d'avances ?

En tout cas, vous me verrez bientôt à Paris, si vous voulez bien vous y rendre sans délai, et nous y pourrons reprendre, au besoin, d'une façon ! plus utile, cette conversation.

Là-dessus, il me donnait une adresse en France, et en un clin d'œil je fus décidée à répondre à son appel.

Non que j'entendisse m'engager à rien ; mais afin d'échapper à une situation désormais inextricable auprès de ma famille, pour mettre aussi l'urgent rempart de la distance entre le comte Daniel et moi.

J'allais même faire part à Daniel de ma résolution, lorsqu'il entra chez moi, ma mère étant absente ou nous ayant exprès laissés seuls.

Tout de suite ses yeux tombèrent sur la lettre que j'avais en mains. Il me demanda de qui elle était. Je refusai de le lui apprendre et, très jaloux, il se piqua au jeu. Exaspéré par ma résistance, il parvint même à m'arracher une partie du message d'Ahmed Pacha. Tout de suite il s'aperçut, à la forme de certaines lettres, qu'elle émanait d'un Haut Initié : lui-même appartenait à la Maçonnerie ordinaire et dans les bas degrés, mais sans doute, comme mon père, était-il prévenu et ne jouait-il auprès de moi qu'un rôle :

— Tiens, fit-il intrigué, votre correspondant appartient à une Haute Loge ou Société secrète supérieure.

— Comment le savez-vous ? lui répondis-je.

Il craignit de m'en trop apprendre et se tut d'abord. Puis, au bout d'un instant, il me déclara que, loin de m'en vouloir, si j'appartenais à quelque Grande Loge, il n'aurait qu'à s'en féliciter. Bref, de fil en aiguille, je finis par lui faire part des propositions de Bou Ahmed. Elles l'enflammèrent d'enthousiasme :

— C'est dit ! rayonnait-il. Nous partons demain.

Vainement j'essayai de le convaincre que je voulais rester irréprochable et partir seule. Enflammé par notre dispute et par l'occasion, sa passion ne connaissait plus de bornes, et il finit par abuser de moi avec une brutalité qui me remplit soudain à son égard, à lui aussi, d'un dégoût et d'une haine, d'un désir de vengeance insatiable.

Quand il me laissa seule, en face des derniers préparatifs à faire pour le départ, j'étais devenue sa proie et son esclave, souillée et déshonorée à jamais. J'en pleurai toute la nuit des larmes de rage. Et quand l'aube enfin se leva, ma résolution était prise.

Oui, je serais maçonne, puisque la fatalité m'y poussait avec cette implacabilité féroce ; mais maçonne pour m'emparer de la puissance et des secrets, afin de les tourner contre tous les instruments de mon malheur.

Contre Ahmed Pacha et mon père, s'ils tombaient jamais sous mon pouvoir, afin que loin d'avoir à se réjouir de mon triomphe, ils se repentissent éternellement de l'avoir préparé ;

Contre ma mère, que j'abandonnais en infligeant cette tache à son nom, cette honte à sa vie de n'être plus moi-même qu'une femme entretenue, jouet de l'homme qu'elle avait pensé nous asservir ;

Contre le comte Daniel enfin. Riche, indépendant, je lui ferais dévorer jusqu'au dernier centime son magnifique patrimoine de 500.000 lires, et un jour, sans gîte, sans argent, sans honneur, accablé de dettes et jeté sur le pavé, il n'aurait plus qu'à se fracasser la tête sous mon regard méprisant et mon rire de victoire.

Aussi bien, devant le soleil levant, comme un serment et comme un vœu à l'Être innommé auquel je ne croyais pas, — empruntant à mon insu le *Nekam Adonaï* des Rose-Croix, — dorénavant sans Dieu, sans parents, sans amour, avais-je levé la main et crié dans l'aurore :

— Haine et vengeance, c'est vous qui êtes à jamais mon Dieu !

Une sorte de ricanement monstrueux me répondit comme un écho du fond de l'espace et me glaça jusqu'aux os :

— Vengeance et haine sont en effet mon nom, semblait-il répliquer.

Nous partîmes, Daniel et moi, dans l'après-midi.

DEUXIÈME PARTIE

LA DALILA DE GARFIELD

I

AU CLUB DES ARTISTES

Nous arrivâmes, si je ne me trompe, à Paris, le 29 juin 1875, au matin.

Le soir même, le comte m'emmenait avec lui au Club des Artistes. Ce mauvais lieu jouissait d'une certaine réputation, dans le monde des fêtards cosmopolites, et mon amant m'affichait ainsi, dès le premier jour, comme une liaison à la fois brillante et sans conséquence.

Je le laissais faire, ayant toute honte bue dès l'instant de mon départ d'Italie. Je me sentais avide de me griser de fêtes et de bruit, avant d'avoir revu Bou Ahmed et cherché à prendre de ce côté mon amère revanche de folle maîtresse d'un fils de famille-en rupture de situation régulière.

Cependant Daniel savait certainement ce qu'il faisait en me conduisant là si vite, et je vis bien, à certains signes qu'il échangeait avec les uns et les autres dans l'assistance, qu'il connaissait plusieurs des personnes présentes ou du moins les reconnaissait pour des Frères. A sa déférence pour quelques-uns, je devinai même que nous avions affaire à de hauts dignitaires, et que mon amant, comme mon père, était d'abord aux ordres, non de son amour ou de ses plaisirs, mais de la Haute Puissance occulte contre laquelle je m'étais vainement débattue en Orient.

Bientôt notre table fut entourée de ces personnes inconnues pour moi. Daniel me présenta comme son amie, nouvellement arrivée d'Italie, et la conversation s'engagea. Adroitement j'y glissai quelques allusions au voyage que je venais de faire à Constantinople, et, presque aussitôt, un de ces Messieurs, se détachant du groupe, parvint à m'accaparer, grâce à la connivence générale. L'entretien, d'abord très banal, concernait les habitudes orientales. Il tourna vite à une sorte d'interrogatoire assez serré sur les personnes que j'avais vues là-bas et que mon interlocuteur paraissait connaître beaucoup mieux que moi.

Soudain, se penchant vers moi, sous prétexte, en levant son verre, de m'adresser un vœu, il me lança, vite et très bas :

— Vous êtes bien, n'est-ce pas, la personne qu'Ahmed Pacha nous envoie ?

Je ne répondis pas. Bou Ahmed, retenu en Orient par les révolutions imminentes, n'était pas venu à Paris, je l'avais appris le matin ; et lui-même devait encore ignorer par conséquent et mon acquiescement à ses offres et mon arrivée. Qui donc avait pu prévenir cet homme ? J'en restais muette de surprise et d'agacement.

Cependant l'inconnu continuait de me fixer d'un regard hypnotique et, lentement, comme contrainte par une force invincible, j'inclinai la tête en signe d'acquiescement.

Il se leva alors, alla droit à Daniel ; je vis qu'il lui intimait, grâce à un jeu rapide de physionomie, l'ordre de nous laisser seuls ; et en effet ce misérable garçon nous quitta sur-le-champ, en me donnant pour prétexte qu'il avait besoin d'aller jusqu'au télégraphe, où il attendait une dépêche. Il partit sans même attendre ma réponse, et tout de suite l'autre se présenta.

C'était le fameux général J.-A. Garfield, qui devait, six ans plus tard, en 1881, entrer à la Maison Blanche, comme successeur des Washington, des Monroe, des Buchanam, des Lincoln, après Grant, alors Président des États-Unis, et Hayes son successeur.

Il avait à ce moment 44 ans, et sa vie ressemblait à une légende. Originaire de l'Ohio, il avait exercé à peu près tous les métiers pour échapper à la médiocrité de sa naissance. Tour à tour journalier, charpentier, batelier, instituteur, recteur du Collège d'Hiram, avocat au barreau de Columbus, élu en 1859 sénateur de l'Ohio, soldat, officier, major général durant la guerre de Sécession, vanté par les uns comme le libérateur de Kentucky et le vainqueur de Chicamanga, suspect aux autres comme effronté concussionnaire et mystérieux agent des Sectes, il venait de rentrer dans la politique et partageait son temps entre Washington et l'Europe, où il n'était guère venu officiellement qu'une fois vers 1868, mais où il remplissait en réalité incognito le rôle de Grand Orient de la Grande Loge des Illuminés de France, sous le couvert de prétendus voyages de prospection qui chaque année le retenaient trois ou six mois dans les déserts de la Louisiane ou sur les montagnes de la côte du Pacifique.

Une fois seuls, il s'inclina galamment devant moi :

— J'ai à vous parler, Madame, sans retard, et je vous serais obligé de me suivre.

Passivement je le suivis jusqu'à un cabinet particulier, où soudain il changea de ton et de manière.

— Madame, me dit-il, inutile de nous jouer plus longtemps, n'est-ce pas, cette enfantine comédie ?... Je vous tiens, et je vous tiens bien, je préfère tout de suite vous en avertir.

Et devant mon sursaut d'étonnement et de révolte :

— A quoi bon regimber ?... Il vous souvient, sans doute, Madame, de certaine lettre que vous transportâtes clandestinement de Constantinople à Athènes, à un moment assez critique pour la diplomatie française dans le Levant. A la suite de certaines indiscrétions, l'affaire fait tapage, ces jours-ci, en raison des événements, dans les cercles bien informés de la haute politique, et si par hasard le gouvernement français venait à apprendre que la charmante messagère qui a bouté ce feu aux poudres n'était autre que la non moins charmante personne à qui j'ai l'honneur d'offrir mes hommages, votre faux voyage de noces pourrait, Madame, se terminer d'une façon beaucoup plus désagréable que vous n'aviez prévu... Ne craignez rien ! Soyons amis plutôt. Vous aurez en nous les serviteurs les plus dévoués et les plus fidèles. Mais il vous faut d'abord obéir. Moi-même n'y puis rien. On le veut.

J'étais abasourdie, et Garfield lui-même paraissait agacé, mécontent :

— On le veut, reprit-il. Vous seule, à ce qu'on dit, pouvez nous rendre certains services. Mettez donc à notre disposition votre tête, votre beauté, votre énergie... Et alors, soyez tranquille, devrions-nous broyer bien des vies, nous sauverons la vôtre.

Je lui parus hésiter encore.

— Que vous le vouliez ou non d'ailleurs, vous serez à nous... Bou Ahmed a dû vous le dire. On n'échappe pas à la Puissance qui nous mène, tous tant que nous sommes, et vous n'avez le choix qu'entre une triomphante abdication ou de vaines et ruineuses résistances. Vous êtes assez intelligente pour le comprendre aujourd'hui. Venez donc à nous. Vous trouverez à la Loge l'aliment qu'il faut à votre esprit passionné, les satisfactions qu'appelle votre âme de feu, sans parler de l'intérêt que vous prendrez aux hautes affaires humaines et à d'autres honneurs et plaisirs, dont je ne puis vous parler encore, mais qui, si vous aimez l'étrange, vous rassasieront de leurs prestiges... Venez, et vous serez reine. Votre bouche, à son tour, prononcera, quand vous le voudrez, des arrêts de vie et de mort.

De plus en plus déconcertée, j'osai regarder en face l'homme qui venait de me parler ainsi. Non seulement il soutint mon regard, mais ce fut le mien qui chancela.

Cet homme était épouvantablement beau, d'une beauté mauvaise, sans doute, mais puissante. Son regard autoritaire subjuguait, et il y passait à chaque instant des flammes mystérieuses, ardentes, dont le fatal attrait devait si longtemps me faire son esclave, avant qu'à mon tour j'osasse m'élever contre lui et devenir la Dalila de cet orgueilleux Samson.

Par un jeu de mon imagination en éveil, tandis qu'il me parlait je le revêtais un à un des atours du portrait de Mazzini, dans la Grande Loge de Buyuk-Déré. Et c'est moi que je voyais à ses côtés en Nymphe toute puissante, tandis que sous sa main les yeux du Dragon de marbre blanc lançaient de longues flammes, aiguës comme des dards.

Cette vision amena sur mes lèvres un demi-sourire, auquel le sien, complice, répondit. Un accord tacite avait scellé notre fatale rencontre. Il fit apporter le champagne afin de célébrer cette heureuse solution.

J'y plongeai avidement mes lèvres, mais presque aussitôt reposai ma coupe encore pleine.

Je sentais mon cœur défaillir, et, profitant de cette faiblesse, brutalement, cet homme, si courtois jusque-là, me traita en fille perdue.

J'étais comme inconsciente, quand il me déposa, dans la nuit, à ma porte, en me disant pour toute excuse :

— A votre premier appel, mon devoir sera désormais d'accourir. Ne tardez pas.

Je courus m'enfermer dans ma chambre d'hôtel comme une folle.

Daniel, au bout d'une heure, n'était pas encore rentré. Je lui écrivis un court billet, et demandai au valet de chambre de le lui remettre dès son retour :

Vous êtes un misérable. Je ne vous recevrai ce soir à aucun prix. Faites ce que vous voudrez.

Puis, ouvrant toute grande ma fenêtre, malgré le frais, je restai au balcon, pétrifiée, jusqu'à trois heures du matin, insensible aux bruits de la rue comme à tout ce qui restait étranger à mon aventure. Un beau ciel étoilé brillait au-dessus de ma tête, mais que m'importaient les étoiles ? Un seul sentiment, étrange et mêlé, dominait le chaos d'impressions qui venaient m'assaillir. La fureur et l'orgueil déchaînés ravageaient à la fois mon cœur.

Enfin je tenais donc, si je le voulais, l'instrument de toutes mes vengeances. A tout prix, il me fallait à présent bon gré mal gré soumettre cet impérieux Garfield qui avait osé du premier coup, et avec cette désinvolture, se proclamer mon maître. Il fallait qu'il m'aimât, pour l'atroce vengeance de son atroce outrage. Car, seule, dans cet immense Paris, sans appui, sans conseils, sans expérience, déjà perdue d'honneur, que pouvais-je faire, que pouvais-je devenir, sinon me plier d'abord à cet ignoble joug pour usurper un jour la couronne qu'on avait fait luire à mes yeux ?

A sept heures, je me décidai à avancer de quelques pas dans ma chambre et aperçus par hasard mon visage dans une glace. Je me fis peur. Des yeux égarés et fiévreux dévoraient mes traits livides ; mes lèvres toutes blanches grimaçaient un sourire de rage et de défi.

On frappa à ma porte, je n'ouvris pas, et en vain Daniel multiplia longuement ses supplications. Sa conduite d'hier avait achevé de m'éclairer sur son misérable amour qui, non content de m'avoir déshonorée, consentait si vite au partage. Il m'eût été impossible de le voir, sans l'accabler des pires fureurs.

Et quand, un peu plus tard, je me fus décidée à m'habiller enfin, je réussis à quitter subrepticement ma chambre et à descendre, par l'escalier de service, jusqu'aux Champs-Élysées. Puis, m'étant promenée quelque temps, pour calmer mon agitation, j'entrai dans un restaurant afin d'y prendre quelque nourriture.

Un peu remise, je demandai de l'encre et du papier, et, fermement déridée à ne plus tergiverser, j'écrivis à Garfield ce billet décisif :

Monsieur,

Je suis déterminée à suivre vos conseils. Je vous dirai plus tard et de vive voix ce que j'attends de vous en retour. Attendez-moi ce soir à la Maison Dorée, j'y serai à dix heures.

Clotilde Bersone.

Le chasseur du restaurant se chargea de porter cette lettre à son adresse, et je rentrai chez moi d'un pas plus léger. J'en avais fini tout au moins avec les incertitudes et les projets contradictoires.

Avec Garfield et par Garfield, — soit : je satisferais au moins mes colères.

II

A LA MAISON DORÉE

A trois heures de l'après-midi, ayant fait venir le coiffeur, je me mis à ma toilette avec une véritable recherche et une coquetterie consciente que je ne me connaissais pas. J'étais trop pâle pour que mon trouble de la nuit n'apparût pas aux yeux de mon partenaire. J'abusai pour y remédier du rouge et de tous les artifices des parfumeurs. Parmi mes robes, je choisis celle qui me parut devoir produire le meilleur effet : elle était bleue, semée de guirlandes de petites roses de Dijon. A force d'énergie, je parvins à dominer même un gros battement de coeur, et à dix heures précises j'arrivai au rendez-vous.

Garfield était déjà là.

En passant devant le buffet, je le vis qui se détachait d'un groupe et s'avançait à ma rencontre. Je le saluai gracieusement. Il m'offrit son bras, je l'acceptai, et nous traversâmes ensemble plusieurs salons encore vides. Arrivés à une sorte de cabinet qu'il devait bien connaître, il en demanda la clé. Nous entrâmes.

C'était une pièce carrée, très élégamment meublée. je m'y jetai dans un fauteuil. Garfield sonna, me demanda si j'aimais le chambertin et m'en fit servir avec quelques pâtisseries. Puis il ferma la porte, m'en donna la clé et s'assit à mes côtés.

Je l'avais laissé faire, souriant toujours et feignant de m'en tenir à un caquetage étourdi d'oiseau. Cette attitude l'étonnait à son tour, et ma visible légèreté l'énervait.

Quelques minutes de lourd silence passèrent entre nous ; lentement j'effeuillais un camélia qu'il venait de m'offrir.

Il finit par se lever, agacé et troublé.

Nos rôles de la veille se trouvaient intervertis, et je triomphais intérieurement. Après quelques pas dans la chambre :

— Madame, me dit-il brusquement, je suis accouru, selon ma promesse, à votre premier appel. C'est à votre tour d'exécuter ce que semblait me promettre votre billet.

Mon intention n'était pas de lui laisser diriger la conversation, et à cette mise en demeure je répondis par une autre question :

— Qu'est-ce donc que la Franc-Maçonnerie ?

— Euh, répondit-il un peu déconcerté, vous le savez bien. C'est une vaste Société, composée d'amis du Peuple et de la Liberté.

J'éclatai d'un long rire perlé qui acheva sa déroute :

— Votre gaieté me plaît, dit-il, elle vous va mieux que le genre taciturne ou l'air trop sérieux d'hier,

Mais il était piqué.

— Que voulez-vous, Monsieur, répondis-je du même ton. A mon âge, ces idéologies trop graves sont peu de mise, et l'on n'aime guère à vingt ans que les chaînes de fleurs. Comment voulez-vous que j'en accepte d'autres ?

Je fus épouvantée, à ces mots, par l'expression de son visage. Ce fut comme le passage d'un tourbillon de passions contradictoires : le désir, la colère, la peur, et une flamme de volonté qui soudain dévora tout le reste :

— Tais-toi, femme, dit-il rudement, et ne va pas t'imaginer, à cause de l'égarement d'une minute, que je t'aime, au rebours de tous mes serments, d'un stupide amour. C'est consciemment que j'ai cédé à ce brusque attrait, pour t'entraîner enfin ; et toi-même serais-tu ici, si tu savais aimer ?... Est-ce pour cela qu'on t'a choisie ?... Ah non ! Notre vertu, à nous, ce n'est pas l'amour, vois-tu, c'est l'orgueil, et c'est la haine. Que parles-tu de fleurs, quand tu ne songes qu'à tes vengeances ?... Ah ! ne t'en défends pas, car je te connais mieux que tu ne fais toi-même, et c'est parce qu'on sait que rien ne te coûtera pour venger tes offenses que, malgré tes légèretés, s'offre à toi la couronne... Quant à moi, que t'importe ? Va, je suis parti de plus bas que toi, Clotilde Bersone ; j'ai plus fort et plus longtemps que toi souffert et travaillé sans espérance. Et tu peux éprouver mon cœur : il n'y a plus de place en lui que pour la vengeance. L'amour me rendrait lâche, et toi, l'amour serait ta perte.

A mon tour, je fus abasourdie, en voyant à quel point m'échappait une revanche que je croyais si proche.'

Sans renoncer tout à fait à mes premiers projets, — car je sentais bien que je n'étais pas aussi indifférente au général qu'il tâchait de se le donner à croire, — je résolus de remettre à une autre fois toute nouvelle tentative de séduction. Il fallait le surprendre d'abord pour le réduire ensuite. Je convins donc que je ne l'avais sondé que par plaisanterie. Mais je lui avais donné ma parole de suivre désormais ses meilleurs conseils, et j'étais prête à l'écouter docilement.

— Tout de suite ?
— A l'instant même.
— Et prête à tout ?
— A tout !...Je me recommande à vous, seulement pour m'épargner de traîner trop longtemps et trop bas dans les inutiles épreuves, bonnes pour le vulgaire.
— Ce n'est pas ce que vous avez à craindre, promit-il d'un air étrange. Et d'ailleurs, sachez-le, Clotilde Bersone, afin qu'il n'y ait point de malentendu, dès l'origine, entre nous, ce n'est pas moi qui vous ai choisie, et maintenant que je vous connais, c'est une raison de plus pour moi de vous dire que, s'il ne s'agissait que de nous deux, nous en resterions là, ce soir, au moins sur ce terrain.

Et ce fut ce jour-là son seul aveu, la seule parole où perçât l'apparence d'un sentiment plus humain ; il s'était entièrement ressaisi et, ayant secoué sa tête de lion insensible aux séductions des sirènes, il reprenait impitoyablement son rôle de Pontife initiateur :

— Si donc vous êtes prête, je le suis aussi, et vous allez subir vos épreuves. Promettez-moi de m'obéir, dorénavant et jusqu'à la fin, sans une révolte, sans une question, quoi qu'il arrive... Si vous renoncez avant le résultat définitif, vous n'aurez, à tout instant, qu'un mot à dire : je serai là pour vous dégager de l'aventure.
— Sachez, lui dis-je, avec un regard de défi, qu'une fois résolue, je ne recule jamais.
— Je vous le souhaite, Clotilde Bersone. Nous verrons bien... Venez.
— Je vous suis.

Et je pensai tout bas :
— Déjà c'est moi qui te mène.

III

L'AFFILIATION

J'eus bientôt peur d'en avoir le démenti.

Garfield m'avait enveloppée, à la sortie, de ma pelisse, car la nuit était fraîche, et nous montâmes dans sa voiture qui l'attendait à la porte.

Les chevaux semblaient nous emmener hors la ville ; et nous arrivâmes rapidement, sans un mot, près de la gare de Lyon. Là Garfield sortit de sa poche un bandeau de caoutchouc doublé de soie qui, posé sur mon visage, formait un masque impénétrable, et c'est au roulement de la voiture sur les pavés que je compris que, loin de continuer à galoper vers la banlieue, nous rentrions dans Paris. Par quels chemins ? Par quels interminables circuits ? Était-ce bien Garfield qui était toujours assis, muet, à mes côtés ? Cet étrange voyage dura deux heures et demie.

Enfin les chevaux s'arrêtèrent. Garfield, retrouvé, me jeta sans explication sur la tête un châle qui achevait de me rendre difficile toute perception de l'extérieur. Puis, me tenant par le bras, nous commençâmes, à pied cette fois, un autre invraisemblable voyage, traversant je ne sais combien de vastes pièces et d'interminables couloirs, montant et descendant de hauts escaliers — toujours les mêmes, pensais-je, — d'une vingtaine de marches chacun.

Je me gardais naturellement de la moindre remarque et riais intérieurement, malgré l'ennui et la fatigue de cette puérile épreuve.

Enfin, je me trouvai debout contre un fauteuil ; on me fit asseoir, on m'enleva mon bandeau, et, au bout de quelques minutes pour me réhabituer à la lumière, je pus examiner l'endroit où nous nous trouvions. Ce n'était encore qu'une sorte de vestiaire, où bientôt, sur le conseil de Garfield, je me dépouillai de ma pelisse et, devant une glace, mis un peu d'ordre à ma toilette, légèrement fripée par le voyage.

Garfield m'offrit alors son bras, et nous allâmes à une porte fermée à deux battants. Il pressa sept fois, puis trois fois, puis une fois, un timbre caché dans la boiserie ; et de l'intérieur, une pareille sonnerie, que je reconnus bien, répondit dans la muraille à ce signal.

Je bouillais devant cette lenteur ; Garfield impassible me dit :

— C'est un des axiomes de la conduite des Illuminés : « *Que le bras soit prompt à exécuter ce que l'esprit a conçu dans le calme.* » Patience !

Soudain les deux battants de la porte s'ouvrirent, et j'entrai dans une sorte de rotonde toute tendue de velours noir. Des galons et des franges d'argent couraient le long de ces draperies comme pour une cérémonie des pompes funèbres. Une table était dressée au milieu, et six personnes, très correctement vêtues de noir, y étaient installées. Seul le fauteuil du centre était vide. Une autre sorte de siège ou de tabouret m'attendait en face des juges. Garfield m'y fit asseoir et prit possession du fauteuil présidentiel.

J'étais dans la Salle du Chapitre.

Un regard rapide jeté autour de moi me permit d'y reconnaître quelques-uns des accessoires que j'avais déjà aperçus en loge à Constantinople : le squelette, le crucifix d'ébène et d'ivoire, plus un gros livre à reliure ferrée et attaché au plancher par une chaîne, que j'appris plus tard être les *Annales* de la Société.

Un quart d'heure, montre en mains, nous restâmes ainsi en silence.

— Bon pensais-je... Jusqu'ici, l'épreuve n'est pas trop pénible ; mais que ces braves gens aiment donc à perdre leur temps !

Enfin, Garfield se leva, fit solennellement le signe des Affiliés et prononça :

— Messieurs et chers Frères, j'ai l'honneur de vous présenter Mademoiselle Clotilde Bersone, dont vous n'ignorez pas les antécédents. Je vous les rappellerai seulement d'un mot : c'est l'Adepte dont le Très Illustre et Très Puissant Frère Ahmed Pacha nous a si souvent parlé. Je la crois digne de l'intérêt de la Loge et capable d'assumer la responsabilité d'*Affiliée*.

Sa voix avait souligné le titre.

Ainsi mon premier stage maçonnique semblait escamoté, comme si ma réception au grade d'Adepte datait déjà, à mon insu, de mon passage à Constantinople ou de ma mission à Athènes. J'en fus à la fois choquée, en raison de la désinvolture du procédé, et au fond flattée et reconnaissante à Garfield.

— Consentez-vous, reprit le Grand Orient, à admettre Clotilde Bersone à ce haut grade ?

Les six conseillers échangèrent différents signes d'assentiment.

Garfield m'ordonna de me lever, de faire trois pas en arrière et de me tenir désormais debout. Puis, me fixant de son regard impénétrable, il m'adressa cette courte allocution :

— Ces trois pas en arrière signifient que vous avez marché jusqu'ici dans un égarement que vous reconnaissez aujourd'hui et voulez réparer. Debout, vous êtes maintenant prête à la marche dans un meilleur chemin.

Il reprit de son ton d'officiant :

— Madame, à quelle religion appartenez-vous ?

— Je n'appartiens à aucune.

— Êtes-vous baptisée ?

— Oui.

— Croyez-vous à un caractère quelconque que conférerait le baptême ?

— Non.

— Croyez-vous en Dieu ?

— Non.

— Quel est le motif qui vous fait désirer d'entrer dans la Loge ?

— La haine et la vengeance !

— Bien... Promettez-vous d'obéir passivement à tous les ordres qui vous seront donnés ?

— Oui.

— Êtes-vous prête à briser, par tous les moyens, tous les obstacles qui viendraient s'opposer aux volontés de la Loge ?

— Oui.

— Le feriez-vous, même au cas où cet obstacle serait votre père, votre mère, votre enfant, votre ami le plus cher ?

— Oui, oui encore, oui, vous dis-je.

Garfield fit circuler une urne parmi ses assesseurs. Ils y déposèrent une boule dont ils ne cherchaient pas même à dissimuler la couleur. J'obtins à ce scrutin 6 voix sur 7.

Seul Garfield avait voté contre !

Il se leva pourtant sans l'ombre apparente d'un émoi, vint m'offrir le bras et me fit monter à un autre appartement, plus petit, où il m'avertit que je devais maintenant demeurer trois jours, séparée de tous, sans livre et sans distraction, seule avec mes pensées et avec mon cœur.

Je l'avoue, c'est avec un sourire que seule à seul j'accueillis l'annonce de cette nouvelle épreuve, croyant à quelque tournure de phrase plus ou moins symbolique, aussi inoffensive que tout ce que j'avais vu et entendu jusqu'ici. Loin de répondre à mon sourire, Garfield me jeta un de ces longs regards, où l'inquiétude et la douleur s'alliaient à une sorte d'émouvante implacabilité. Lentement il me quitta, verrouilla derrière lui les portes, et ses yeux semblaient m'avoir dit :

— Ah ! tu as cru jouer et n'avoir qu'à étendre la main pour saisir le sceptre à mes côtés... Il peut t'en coûter cher, et je t'avais prévenue... Tu n'en as pas fini, être frivole ! Même, seras-tu jamais reine ? Pas plus sans doute que je ne serai ton amant...

Je m'étais raidie contre la rude surprise et résolus de faire contre fortune bon cœur. Après tout, trois jours sont longs, non mortels à passer, et j'avais bravé d'autres avanies.

L'on me tendait mes repas par un guichet, et j'entrepris pour ne pas périr d'ennui de repasser méthodiquement dans mon esprit, durant ces longues heures, les griefs de toutes sortes que je pensais avoir contre chacun, ainsi que les moyens que j'aurais bientôt, sans doute, d'assouvir toutes mes rancunes. Ces rêveries, coupées de longs sommeils qui venaient à point pour réparer mes forces après la dépense nerveuse et les insomnies de ces dernières semaines, m'aidèrent à trouver le temps beaucoup moins long qu'on pourrait croire.

A peine songeai-je à Daniel et à sa déconvenue, lorsqu'il me croirait enfuie, perdue à tout jamais pour lui. Cette imagination m'amusait chaque fois qu'elle se présentait à mon esprit :

— De quels noms ne doit-il pas me traiter, pensais-je, et à qui va-t-il s'en prendre de mon abandon ?

Cependant c'est avec joie qu'à minuit, le troisième jour, j'entendis résonner à mon chevet la sonnerie, plus agréable cette fois à mes oreilles qu'à Constantinople, dans le salon de mon père : les onze coups, 7 + 3 + 1, de l'appel réglementaire. A la hâte, je me vêtis d'un peignoir et ouvris. Garfield était là, plus froid que jamais :

— Votre heure est arrivée, me dit-il sur le mode le plus lugubre. Êtes-vous toujours prête, Clotilde Bersone, et à tout ?

— Je le suis, répondis-je, agacée de ses allures obstinées de sacrificateur.

Et je m'apprêtai à m'habiller pour le suivre.

— Laissez cela, ordonna-t-il, et suivez-moi comme vous êtes.

Il m'accompagna jusqu'au vestiaire, s'assit, m'ordonna de me mettre à genoux. J'obéis :

— Femme, me dit-il, pour t'éviter de plus longues tergiversations et de rebutantes épreuves, j'ai hâté sciemment ta réception, en répondant de toi devant nos Frères. Fais que je ne m'en repente jamais.

— Je ne t'avais rien demandé, répondis-je insolemment.

Ses yeux fulgurèrent, mais il se contint et ravala la riposte qui sans doute bouillait dans son cœur :

— As-tu du courage ? demanda-t-il seulement.

— Tu le verras bien, répliquai-je, de plus en plus agressive.

— Eh bien ! voici ton vêtement. Habille-toi. Et il me quitta.

Sur le paquet d'habits, un bout de billet était attaché par une épingle. Je lus :

Mettez cette chemise. Passez cette corde à Votre cou, et attendez, pieds nus et les cheveux épars, qu'on vienne vous chercher.

La chemise me fit horreur. De larges taches de sang la maculaient, toutes fraîches encore ; et j'étais payée pour savoir qu'il ne s'agissait pas d'une comédie.

Sans doute, nous étions à Paris, et non plus sur les rives du Bosphore. L'assassinat sans esclandre semble plus difficile et plus rare aux bords de la Seine ; mais les profanes, pensais-je, auraient tort de s'y fier. Et si moi-même je venais à disparaître, ce soir, au milieu de ces épreuves, qui le saurait ? Qui s'en inquiéterait même, au sein de cette ville immense, ou dans ma famille ? Tout au plus, à l'hôtel, me croirait-on enfuie, faute d'argent, en quête d'une autre aventure et cachant mon nom. Combien de malheureux, avant moi, n'avaient-ils pas succombé, peut-être, au fond d'une de ces oubliettes où on les avait attirés comme au piège, sous un prétexte quelconque, avec la même habileté que pour moi ?

Il était trop tard maintenant pour reculer. J'étais prise, moi qui pensais prendre. Il fallait, à tout prix, aller jusqu'au bout.

Je frémis en passant cet affreux vêtement, puis la corde.

Le Grand Maître, au nom du Grand Orient, entra pour me donner les dernières instructions.

L'on me banda les yeux, et je fus introduite en Loge dans cet appareil.

Une musique lugubre tombait des tribunes ; des bruits de chaînes alternaient avec cette sinistre harmonie. Une sorte d'hymne non moins funèbre s'éleva ensuite, durant lequel le Grand Maître, avec force cérémonies, s'avança vers moi à pas comptés : 2 + 2 + 2 + 1.

Il posa ma main, grande ouverte, sur la poitrine d'un cadavre, puis, les yeux toujours bandés, me fit palper le squelette auprès duquel il m'avait conduite : toutes ces simagrées me remplissaient de dégoût plus encore que d'horreur.

Toutefois les affronts et les sévices se faisaient graves.

Je reçus à l'improviste un soufflet qui révolta un instant tout mon être ; on me fit mettre ensuite à genoux, la tête renversée en arrière, et réciter, dans cette posture, comme si j'offrais ma gorge aux poignards, le serment terrible :

— Je jure d'obéir aveuglément à tous les ordres de la Loge, sans en rechercher ni les motifs ni les conséquences. je jure de ne suivre aucune religion, de ne subir aucune influence et de briser tout ce qui s'opposerait aux volontés de la Loge. Et si jamais je manque à ce serment, que tous les glaives qui visent mort cœur le percent de part en part.

Le Grand Maître, à ce moment, me fit relever et avancer tour à tour vers chacun des Frères assistants, et tous me repoussèrent l'un après l'autre, avec des paroles de mépris et de haine, comme si leurs sentiments à mon égard étaient changés et qu'ils jugeassent que j'avais manqué l'épreuve.

Enfin Garfield saisit mon bras, m'ouvrit une veine, laissa couler un tiers de verre de sang et banda la plaie.

On m'ôta mon bandeau, me mit un glaive à la main et m'amena en face du soi-disant cadavre couronné dans le mannequin d'osier.

Un chant hébreu remplissait la salle. Après chaque couplet, le Grand Orient récitait dans un gros livre une sorte de leçon, et à la fin de chaque leçon, le chœur, à plusieurs reprises, lançait l'anathème :

— *Maudite ! C'est une maudite.*

— Frappe, me commanda Garfield en montrant le fantôme royal.

Il me sembla que tout tournait autour de moi.

Je levai mon arme, une sueur au front ; car la leçon de Constantinople ne me laissait guère de doute que j'allais tuer, tuer de ma main et pour de bon, et qu'il ne s'agissait plus de comédie. Un tremblement nerveux me secouait, trépidante et hagarde. Garfield ne me quittait pas de son regard hautain qui semblait railler :

— Eh bien ! je te l'avais dit : ce n'est pas toi, femmelette, qui régneras sur nous.

Dans une énorme coupe d'airain, posée sur un trépied, il jetait en même temps, sur des charbons ardents, une poignée d'herbes aromatiques. Une flamme énorme jaillit, des fumées s'élevèrent, enivrantes. Tous les affiliés en demi-cercle autour de moi avaient tiré leur poignard et semblaient vouloir m'en percer pour me réduire au moins, sur cette scène d'horreur, à un silence éternel.

Alors, avec un rire strident, je reculai d'un pas, fixai la mouche qui indiquait sur le mannequin l'endroit où je devais frapper, et, de toutes mes forces, ivre, titubante, frénétique, je lançai mon coup.

Un jet de sang fumant inonda mes épaules, et je tombai moi-même à terre plus morte que vive. J'avais tué !

A jamais criminelle, j'aurais ce sang sur mon âme, comme un autre baptême de l'enfer, pour l'éternité. Ah ! maudite ! vraiment maudite !

Ce fut le Grand Maître qui, couvert d'un manteau blanc, me releva et me souleva de terre, inerte, face à l'assemblée. Deux affiliés tendirent au dessus de ma tête un drap des morts, et Garfield m'intima :

— Prosternez-vous maintenant. Soumettez-vous, pauvre incrédule, à la Puissance supérieure de l'Être suprême que nous adorons tous ici et qui nous gouverne.

L'acte de foi après le baptême !

Je fis le simulacre qu'on me demandait, aussi sceptique à l'égard de cette nouvelle divinité que vis-à-vis des autres ; le drap noir était retombé sur moi et me recouvrait tout entière. Je gisais comme une morte dans ses plis.

C'était le moment de la délibération suprême.

Elle se fit lentement par signes, et pas un écho n'en parvint jusqu'à moi. Il faut croire qu'elle me fut favorable, car le Grand Maître souleva enfin le drap mortuaire sous lequel je haletais comme une bête blessée et acculée dans sa bauge. Il me prit la main pour m'aider à me relever et à marcher et me conduisit à la salle de bains, où je trouvai tout le nécessaire pour m'habiller décemment et me coiffer.

— C'est fini, me rassura-t-il. Soyez prête dans une heure à connaître l'heureuse sentence.

J'eus à peine le temps de me remettre un peu et de me laver comme il faut le corps et la chevelure des abominables éclaboussures de mon crime rituel.

Je tressai en nattes mes cheveux encore humides. Une robe de cachemire bleu, à la grecque, était fixée à mes épaules par deux boucles d'émail retenant un cordon de soie blanche qui, passant dans les manches, en relevait le dessus, de façon à découvrir presque entièrement les bras. Un large galon doré garnissait l'encolure légèrement échancrée en carré. Une autre boucle, du même galon, bordait également le bas du vêtement et formait ceinture. La robe, trop longue sur le devant, était faite enfin pour être relevée et passée dans la ceinture, dissimulant ainsi la taille. Par dessus, une sorte de toge de velours noir, doublée de soie écarlate, avec, sur le devant, brodés en or, une truelle, un marteau, une équerre, des dés et autres accessoires maçonniques. Aux pieds, des sandales à rebords et courroies dorés. Rien sur la tête. Tel était mon costume d'affiliée.

D'âme, il me semblait que je n'en avais plus Inerte ou morte, insensible désormais à tout, excepté à mon idée fixe d'ambition et de vengeance, je la traînais comme un fardeau étranger à ma vie.

Le Grand Maître, en revenant me chercher, m'offrit son bras sur lequel je ne devais qu'appuyer ma main, et me ramena dans le Temple.

Cette fois, tous les lustres étaient allumés ; toutes les loges étaient garnies, toutes les tentures étaient blanches ; tout avait pris un aspect riant de fête et de triomphe. Des branches de chêne artificielles s'enroulaient aux colonnes ornées de draperies et s'entrelaçaient symboliquement sur le devant des tribunes. Une branche dorée était posée sur la Table hémicyclaire, et les Affiliés défilaient tout autour, en tabliers de moire blanche galonnée d'or, sous la grande toge de cérémonie.

Les Initiés supérieurs ne différaient des autres que par leur soleil d'or, sorte de plaque accrochée à leur toge sur l'épaule gauche.

L'Exécuteur des Hautes Œuvres se trouvait assis au bout de la Table hémicyclaire, du côté de l'ouverture du fer à cheval. Il entretenait dans un réchaud de petits fers rougis à blanc.

Le Grand Maître, le premier, me tenant du bout de la main droite, m'amena à cette Table, où je reçus du Grand Orient un formulaire des Règles et Coutumes pour les Affiliés, accompagné de force compliments de la part des autres Initiés, puis un titre représentant 500 francs de pension mensuelle à toucher chez le banquier de la Loge.

A son tour, le Grand Orient me prit ensuite par la main et m'amena à l'Exécuteur des Hautes Œuvres, et celui-ci, sans préambule, me dit :

— Agenouillez-vous, et recevez le suprême honneur d'être marquée du Sceau qui distingue du vil troupeau des hommes les Frères de la Liberté, les Amis du Peuple et les vrais Fils de l'Unité.

Je m'agenouillai et, sortant du feu une sorte de poinçon minuscule, il me l'appliqua au côté gauche du front. Une seconde la chair brasilla, et une souffrance aiguë me mordit la tempe ; je ne sourcillai point. Tous en étaient stupéfaits. Un bandeau de toile fine, imbu de liniment, fut d'ailleurs étendu bien vite sur la cicatrice et calma presque aussitôt la douleur.

A jamais, j'étais marquée du sceau de la Bête ; mais je ne compris pas, sur le coup, l'horreur de cette consécration infamante. Tout m'était devenu indifférent, sauf l'espoir de tout faire payer un jour à mes bourreaux.

Restait à me présenter au Dragon, et, je dois le dire, si, jusqu'ici, j'avais à peu près méprisé, grâce à un dédain supérieur, tant de simagrées ridicules ou criminelles, il n'en était pas de même pour moi au sujet de ce vis-à-vis final avec l'Hydre aux sept têtes, souveraine de ces lieux, que mes regards avaient parfois cherchée au milieu de mes épreuves, par une sorte de bizarre superstition qui ne s'accordait ni avec mon éducation, ni avec ma nature ou mes croyances. Car à part le titre d'Affiliée et cette rente de 6.000 livres, qui m'assurait la vie matérielle, a quoi rimaient jusqu'ici tant de Rites meurtriers et de vaines paroles ? Où les profonds desseins, les révélations « sensationnelles », l'idéal nouveau, que m'avait apporté cette sorte d'investiture ? Le vide, et du sang par dessus : était-ce donc là tout le secret du Dragon et le mystère de ses « Illuminations » ? Comme j'aurais souhaité, de sa part, une bonne jonglerie, hallucinatoire, si l'on veut, mais vraiment d'envergure, quelque chose au moins qui révélât sa griffe et attestât son génie.

Oui, quoi qu'on puisse penser de ces aspirations incohérentes d'une femme qui se croyait un esprit fort, elles se pressaient au tréfonds de mon cœur affolé, sinon dans les régions conscientes et claires de mon intelligence. Mon âme était morte d'un manque de tendresse humaine autour de mon berceau ; et voilà que j'éprouvais à présent, pour justifier à mes propres yeux une affiliation criminelle et stupide, l'impérieux besoin d'un peu de surnaturel, quel qu'il fût, inavoué même, mais dont je pusse au moins amuser ma détresse sans être tout fait dupe de sa réalité.

« Si vous aimez l'étrange, m'avait dit Garfield, vous en serez rassasiée » : et il ne m'avait jusqu'ici accablée que de bizarre et d'odieux.

Ah ! si vraiment une Puissance, supérieure à ces médiocres cérémonies et à ces hommes plus médiocres encore, existait quelque part, dans les abîmes du ciel, de l'âme humaine ou des enfers, il était temps, grand temps, qu'elle se manifestât pour ne pas trouver, dès le premier pas, en sa recrue nouvelle, une incrédule et une impie.

Hélas ! le Dragon lui-même, auquel on m'amena, resta, ce jour-là, pour moi comme pour toute l'assemblée, la médiocre effigie d'un animal fabuleux en marbre blanc. Je posai la main sur son dos dans l'attitude même que Mazzini avait prise pour son portrait de Constantinople ; mais rien ne frémit sous mes doigts.

Je prononçai froidement un dernier serment de fidélité à l'adresse de cette idole inanimée, et il me sembla que, pas plus que moi, les autres affiliés n'attachaient beaucoup d'importance à ce protocole.

Grosse désillusion, et qui me fit rendre avec assez de mauvaise grâce l'accolade fraternelle à tous les Affiliés descendus des tribunes pour me complimenter et m'embrasser.

Même, chacun étant revenu à la place, et moi seule restant assise au milieu de la Loge, c'est en vain que s'abattit autour de moi, durant une demi-heure, une pluie de fleurs, tandis que résonnait une musique entraînante. En vain, Garfield m'invita à une agape « non chrétienne », qui devait terminer la fête. La Salle du festin me parut morne ; et les quatre heures que dura le banquet me semblèrent interminables.

D'autant que l'orgie ne tarda pas à y battre son plein, beaucoup plus vite qu'au dîner encore discret que m'avait offert Ahmed Pacha. Cette trop longue séance, le nombre des conviés, le bruit des voix surexcitaient les appétits ; les vins servis en abondance désarçonnaient un à un les hommes les plus gourmés et les transformaient en brutes ignobles. Quand je me levai pour partir, la plupart gisaient déjà sous la table, souillant les tapis ou cuvant, endormis, leur vin ; d'autres bramaient tout haut dans l'attente d'autres ignominies.

Garfield seul continuait de promener sur ce dégoûtant spectacle son regard méprisant et dur. Au vestiaire, j'échangeai ma tenue de parade contre un costume qu'il avait fait venir de chez moi, et il me reconduisit jusqu'à ma porte, plus distant, plus fermé que jamais.

Il sentait bien à mon air ma réprobation pour cette crapuleuse débauche et même pour toute cette mascarade d'affiliation sans résultat ; mais il n'avait pas encore décidé de m'accorder l'explication qu'il fallait.

Au moment de partir, il me dit seulement en me baisant la main :

— Patience, Clotilde. L'homme supérieur est seul, partout et toujours, sous un ciel noir et vide. Les rites ne sauraient rien lui apprendre de ce qu'il n'a pas conçu lui-même, par son propre effort... Cherchez encore, et vous trouverez... C'est en vous que la véritable initiation, l'incommunicable voix de l'Esprit se fera entendre un jour, si vraiment il vous a élue... A vendredi !

Je ne l'entendais déjà plus : depuis longtemps je haletais sous l'effort de cette trop longue contrainte. Je m'étais précipitée dans ma chambre et jetée sur mon lit comme une masse. Le lendemain j'étais à nouveau dévorée d'une fièvre brûlante. Je dus rester alitée un mois entier, toujours agitée des mêmes cauchemars, pleins d'assassinats, de ribotes et de stupres. Ma convalescence fut longue et pénible.

IV

DE LONDRES A NAPLES

Garfield venait tous les soirs prendre de mes nouvelles.

Il m'avait entourée de serviteurs soudoyés qui lui rapportaient mes moindres faits et gestes.

Tous les jeudis soir, régulièrement, il me faisait remettre un billet d'exemption pour la séance réglementaire du lendemain, afin que je n'oubliasse pas que je vivais désormais sous la pleine obédience de la Loge et avais contracté envers elles des obligations.

Dès que je fus en état de sortir, il fallut m'exécuter : je reçus une convocation pour deux heures et demie du matin.

Cette heure m'étonna : je savais que les séances commençaient régulièrement à onze heures, onze heures et demie au plus tard ; on m'expliqua qu'on n'admettait pas les nouveaux reçus au début de la réunion.

J'attendis donc l'heure prescrite, fus habillée au vestiaire à mon arrivée par une sorte d'ouvreuse, à peu près comme la dernière fois, et, quand j'entrai en Loge, j'entendis donner aux ans et aux autres divers ordres en hébreu. On m'appela la dernière, et je reçus pour ma part l'ordre par écrit d'aller porter au compte de la Loge certain message dans une capitale étrangère.

Commission qui se renouvela souvent et me parut bientôt relever de mes véritables fonctions et constituer la véritable épreuve grâce à laquelle la haute direction des Illuminés, avant d'utiliser plus sérieusement mes services, expérimentait mon intelligence, mon adresse, ma discrétion, ma célérité à remplir, sans demander de comptes à personne, les missions les plus épineuses.

Je devais partir, le plus souvent, habillée de deuil, sous un faux nom, joindre au plus tôt la personne à qui j'en avais, en lui disant, par exemple, comme signe de reconnaissance :

— 2, 8, 4, 6, 0.

A quoi elle devait répondre :

— 1, 9, 5, 7, 3.

Chiffres pairs et impairs de la première dizaine, tous intervertis, sauf le premier, attendu, expliquent les Règles, que « le Principe de toutes choses ne doit jamais être interverti en Loge, tandis que l'on bouleverse au besoin tout le reste pour servir ce Principe ».

Je ne raconterai pas en détail ces multiples voyages. A quoi bon ? Ils ne représentaient qu'une tâche toute matérielle dont je m'acquittais servilement, sans y prendre moi-même un gros intérêt.

Que se cachait-il au juste derrière ces démarches assez décousues ? Je n'en ai jamais rien su : je ne tente même pas de le deviner. Plusieurs ont dû être de simples feintes, très surveillées, qui permissent à mes nouveaux Supérieurs inconnus de se rendre compte exactement jusqu'où l'on pouvait compter sur moi.

C'est ainsi que, presque dès mes débuts, je fus chargée un jour de porter à Londres une somme de 100.000 francs au Consul allemand. Pourquoi ? Pour quelles propagandes ? Pour quel échange de services purement maçonniques ou politico-religieux ? Ce n'était pas encore en ce temps-là mon affaire.

Je remis cette somme en deux fois au destinataire, rapportai ses reçus sans incident et l'on m'alloua, pour récompense, une assez belle gratification ; ce n'est pas de quoi j'étais impatiente.

J'aurais voulu tout au moins deviner ce que je faisais ; mais j'étais trop peu versée en ces matières pour débrouiller l'écheveau compliqué de ces intrigues. La Loge elle-même ne savait peut-être trop comment diriger, en France, son action. On était encore en pleine présidence Mac Mahon, sous la dictature de l'Ordre moral. Il s'agissait pour les conjurés de s'emparer d'abord des avenues du pouvoir, avant d'organiser la République et d'exploiter à merci le régime. Grévy, Ferry, Gambetta s'agitaient à tâtons dans l'opposition et les grandes charges parlementaires. Pie IX et Antonelli régnaient à Rome dans le prolongement du coup de tonnerre du Concile du Vatican. L'Europe paraissait s'aiguiller plutôt dans le sens d'une réaction conservatrice.

Cependant ces voyages, à mon insu, me formaient. De plus en plus clairement et sur place, j'entendais débattre par nos Adeptes et Affiliés, à travers l'Europe, toutes les grandes questions de politique internationale, où il m'était facile de surprendre à chaque instant la main, voire les rivalités des diverses Grandes Loges d'Illuminés d'Europe et d'Asie.

Même les Grands Orients ne paraissaient pas toujours d'accord entre eux, et je m'aperçus bientôt que la politique de Garfield était discutée, contrecarrée, par d'autres influences ou coalitions de Loges. On lui reprochait d'avoir une conception trop spécifiquement américaine de la marche générale des affaires, alors que semblait prévaloir au contraire, dans les Conseils supérieurs, la préoccupation croissante d'une hégémonie des forces allemandes sur l'ancien monde. Conflit obscur, riche en complications que j'étais encore loin d'embrasser dans leur ensemble : du moins devinai-je que je devrais entrer, un jour ou l'autre, et prendre parti dans le conflit pour ou contre Garfield, auquel on donnait Bismarck pour rival.

Or, Garfield m'était devenu de plus en plus odieux, non comme chef, mais comme homme. Il avait tardé à se déclarer bien plus longtemps que je ne l'avais espéré d'abord, et il en usait trop avec moi, même dans l'intimité, sur le mode autoritaire insupportable à mon orgueil. Bref, je ne lui pardonnais ni d'avoir réussi à me faire tomber si vite dans ses filets ni d'échapper si longtemps aux miens, et, pour obéir à la loi fatale qui m'avait condamnée, semble-t-il, à haïr tour à tour tous ceux qui m'entouraient, je lui vouai dans mon cœur une guerre à mort, à l'heure même où j'étais sur le point de le prendre officiellement pour amant, à la place de l'insupportable comte Daniel F*** dont j'avais décidé de me débarrasser pour toujours.

Non pas que ce dernier me gênât beaucoup : je voyageais presque toujours seule, en tout cas sans lui. Mais il me fatiguait de ses reproches, de ses jalousies, de ses fureurs. On lui avait fait comprendre qu'il n'avait pas à se mêler de mes affaires ; et il avait dû s'incliner comme maçon, s'il tempêtait et rageait comme jaloux.

Trop heureux de m'avoir retrouvée après mon brusque départ, lors de mon affiliation, toute menace d'une autre fugue achevait de l'assoter. Il ne cessait de multiplier pour moi les folies achats de bijoux, de meubles, de chevaux. Pour toute récompense, je consentais à paraître quelquefois avec lui dans une loge de l'Opéra ou dans un cabaret à la mode. Là, chacun savait à quoi s'en tenir. Aussi sa façon de jeter l'argent par les fenêtres pour une femme qui se moquait de lui, amusait-elle le Tout-Paris mondain. Il en souffrait comme un damné, et il s'exaspérait au jeu.

N'aurais-je pas dû me sentir assez vengée déjà ? Je brûlais de le voir souffrir davantage.

Un caprice de Garfield précipita l'événement.

Je m'étais aperçue qu'au cours de nos séances, du vendredi, en Loge, Garfield me suivait plus souvent des yeux qu'il n'était strictement obligé. En dépit de ses accès affectés de froideur, il ne pouvait dissimuler tout à fait une certaine propension à rechercher ma présence et me donnait d'assez fréquents rendez-vous à la Maison Dorée, en dehors de toute nécessité de service. Certaines privautés de Daniel le mettaient hors de lui.

Un jour il s'emporta contre celui-ci au delà de toute mesure, me faisant un crime de m'être empêtrée de ce garçon vaniteux, sans cervelle, dont j'aurais dû avoir honte d'accepter les déshonorantes propositions.

Je répondis effrontément à ces insolences que je lui avais bien cédé à lui-même, et c'est alors qu'avec mille réticences, avouant qu'il avait honte et peur de cette impardonnable faiblesse, il me confessa qu'il m'aimait !

Sans doute devinait-il que je pouvais devenir pour lui une ennemie redoutable et qu'il valait mieux me mettre dans son jeu ; peut-être, du côté des Suprêmes Pouvoirs, sentait-il son prestige ébranlé, alors que croissait ma faveur. Il était surtout sérieusement touché, malgré ses rodomontades contre l'amour, par ma jeunesse, sinon par ma beauté. Je l'avais deviné dès le premier jour, et c'est en vain qu'il avait tenté de résister à l'attrait fatal qui finissait par avoir raison de lui.

On pense bien que je ne décourageai pas sa passion enfin débordante : la péripétie rentrait dans mon plan général de bataille. Mais comment conclure ?

Garfield s'avisa d'un étrange stratagème où, pour la première fois, cet homme, si maître de lui et si calculateur, n'hésita pas à compromettre son autorité de Grand Orient, Chef des Hauts Initiés.

Cinq ou six mois après ma réception, je fus donc appelée un lundi, à trois heures de l'après-midi, à la salle du Chapitre. Là il me fut signifié que Garfield allait entreprendre un voyage d'études en Italie. Vu ma connaissance de la langue et du pays, j'avais été désignée pour l'accompagner. Je retins toute expression de surprise et demandai seulement, comme à l'ordinaire, à titre de renseignement, quels étaient les crédits ouverts. On me répondit évasivement que Garfield ferait tous les frais nécessaires et me donnerait toutes instructions utiles. Bref, on me l'imposait comme amant sous un prétexte de service.

Je m'inclinai sans plaisir et sans révolte, puisque tel était l'ordre ; mais je vis bien qu'un certain mécontentement agitait sourdement, même ceux qui me transmettaient ces instructions. Il était trop visible que le Grand Orient cédait cette fois à un sentiment particulier et substituait aux intérêts supérieurs son bon plaisir.

Lui-même était conscient de sa forfaiture et jusqu'à ce que tout fût entièrement réglé, je le vis inquiet, nerveux, agité des sentiments les plus divers, comme si vraiment il avait eu encore la notion du bien et du mal où bravait ses dieux. Pour s'étourdir, il s'échappait parfois en vues incohérentes sur la nécessité de cette équipée au point de vue politique.

A l'entendre tout l'ordre maçonnique du monde était en jeu. Le vieux roi d'Italie penchait à une alliance avec la France. Il en était resté aux souvenirs de Magenta et de Solferino et voulait oublier les zouaves pontificaux, Charette, Lamoricière et Castelfidardo, pour se rapprocher du nouveau régime qu'il sentait devoir triompher à la Chambre de la poussée réactionnaire après la présidence Mac-Mahon. La République anti-cléricale et maçonnique était son fait, et Garfield partageait ces sentiments. Mais une autre constellation d'influences, comme je l'ai déjà dit, s'était formée dans le monde des chancelleries et jusqu'au sein des Hautes Loges, sous la pression du prince de Bismarck, Affilié supérieur. Il s'agissait pour Bismarck d'attirer au contraire l'Italie dans un système de triple Alliance germanique avec Vienne et Berlin. Politique dont les répercussions devaient être considérables, d'une part sur la diplomatie anglaise et américaine, d'autre part jusque sur le Saint-Siège. Car l'alliance franco-italienne contraignait le Vatican, pour garder un appui en Europe, à un chanceux, mais nécessaire accord avec Bismarck en s'aidant du Centre allemand comme instrument. La conclusion d'une Triplice austro-italo-germanique rejetait au contraire le Pape du côté d'un arrangement avec les partis modérés de la République française, au prix d'un ralliement paradoxal au régime contre toute la droite catholique. L'une ou l'autre solution ouvrait d'ailleurs à la Secte des perspectives d'intrigues et de profits : aussi l'une et l'autre avait-elle ses partisans, et Garfield se voyait d'ores et déjà dépouillé de son rôle d'arbitre et réduit à prendre seulement la tête d'un des deux systèmes, tandis que Bismarck par position dirigeait l'autre. Or, d'une part, en Italie, la vieillesse du roi Victor-Emmanuel II et les sentiments connus de l'héritier présomptif favorisaient de plus en plus les espérances du parti pro-allemand ; il ne manquait pas, d'autre part, au sein des Loges, d'Initiés encore indécis, mais qui commençaient à se lasser de ce que Garfield, dans les conseils, sacrifiât presque toujours le point de vue purement maçonnique à des préjugés nationaux, à sa candidature comme sénateur fédéral aux États-Unis, voire même à l'ambition de la Présidence à Washington.

Son voyage feignait de répondre à son souci d'examiner de plus près ces problèmes difficiles pour donner, si possible, satisfaction à tous ; en fait, il avait — et pour cause — ses idées arrêtées d'avance et n'avait songé qu'à se couvrir et à m'enlever.

Je me laissai faire. L'intrigue m'amusait, et je goûtais au moins le plaisir d'infliger au malheureux Daniel un suprême affront.

Depuis longtemps il ne comptait plus pour moi. Devenue tyrannique, capricieuse, je le fuyais à tout instant pour le seul amusement de le mettre hors de lui. Puis je lui revenais quelques jours, et il jetait l'argent par les fenêtres. Attaché à moi par une passion bestiale et sans respect, plus il me prodiguait les marques de son esclavage, plus je me plaisais à l'avilir à mes propres yeux.

Quand il apprit mon départ en pareille compagnie, il jeta feu et flamme : car je ne lui avais laissé rien ignorer de ces soi-disant rendez-vous d'affaires que Garfield m'avait prodigués depuis quelques mois, — de ces soupers où, durant des heures, au lieu de m'entretenir de la Loge, le Grand Orient m'accablait de ces demi-déclarations qu'il aurait voulu que je devinasse, mais que je m'appliquais à ne pas comprendre tant qu'il ne se serait pas franchement livré, — de ses cadeaux que je refusais encore, chaque fois du moins que l'envie ne me prenait pas de les accepter pour mettre Daniel aux abois.

Celui-ci ne pouvait donc avoir un doute sur l'étendue de son infortune en me voyant partir avec son rival ; mais il redoutait la Secte plus encore qu'il ne m'aimait. Il devait savoir, lui aussi, combien facilement un étranger comme lui, en rupture morale de ban, pouvait disparaître un soir dans les oubliettes de la Loge, s'il venait à traverser les desseins maçonniques. Un signe de détresse eut raison de ses dernières résistances, et, humilié, tremblant de rage impuissante, il dut laisser faire ce qu'il ne pouvait empêcher.

C'était pour lui le commencement d'une véritable agonie.

Sous ses yeux exorbités, nous partîmes, Garfield et moi, à la fin de décembre 1876 et ne devions être de retour à Paris que pour les cérémonies satanistes de la Semaine sainte 1877.

Comment raconter ce voyage ? L'homme de haine et de vengeance que Garfield s'était si haut vanté d'être, découvrait enfin le défaut de sa cuirasse, et j'en profitai sans remords et sans scrupule. Physiquement et moralement souillée et déshonorée, que m'importait une liaison de plus ou de moins, pourvu que j'en tirasse quelque profit ? Seulement mon embarras devait commencer bientôt avec ma victoire.

Cet homme, en dépit de toutes ses tares, était d'une autre race que le misérable Daniel, et, toute Dalila que je me flattais d'être à son égard, encore fallait-il savoir comment m'y prendre pour tondre cette crinière de géant.

Comme je l'ai dit, mon Affiliation m'avait fort déçue quant au côté pseudo-luciférien des mystères de la Maçonnerie ; jamais je ne m'étais senti une âme plus incrédule ni plus sèche. Je n'avais, par conséquent, aucun secret qui vaille à arracher pour sa perte à cet homme, du côté des solennelles niaiseries mystagogiques qui lui échappaient quelquefois, — rien que l'aveu, peut-être, un soir d'abandon, qu'en effet lui-même n'avait jamais cru à ces jongleries et qu'en effet, là-haut, au dessus de nos têtes maudites, il n'y avait, comme j'en étais sûre, que le noir et éternel néant, abîme où tout s'écroule et se perd sans fin : la vie, la douleur, les passions et les crimes, comme l'innocence et la vertu.

La politique, — une politique interlope d'irréligion et de révolution, — c'était tout le mystère de ce clan de déclamateurs inspirés par la haine et par l'envie ; et je pensais m'appliquer surtout à saisir une à une, de gré ou par surprise, les données de ce vaste plan international.

Toutefois Garfield était sur ses gardes, et, même à l'heure des effusions en apparence les moins surveillées, ne perdait guère la maîtrise de son intelligence. A ma grande irritation, je n'obtins rien de lui, ou peu de chose, au sujet de ces grandes affaires que nous étions censés traiter de concert, durant ces trois ou quatre mois. Par contre les singuliers dessous de cette âme affleurèrent à l'improviste, déconcertants par leur bizarrerie, suffisants pour ranimer en moi des soupçons et une inquiétude dont je croyais m'être débarrassée à jamais.

Deux ou trois fois, je réussis à l'enivrer, et j'y trouvai double plaisir. D'abord celui de considérer dans un état d'impuissance et d'avilissement cet homme qui, autrement, m'en imposait ; celui de pouvoir aussi profiter du naufrage de sa raison pour tenter de lui arracher, parmi tant de phrases incohérentes, ce que je tenais à savoir.

Et c'est ainsi qu'un jour, à Naples, dans cet état d'ébriété, il se mit soudain à couper mon insidieux interrogatoire sur la Cour d'Italie, d'un flot d'incantations inattendues sur la puissance, les jalousies, les ordres et les vengeances du Dragon.

J'éclatai de rire et, tant par moquerie que pour l'exciter à d'autres confidences :

— Allons donc ! lui dis-je, laissez-moi tranquille avec votre Dragon ! Qu'est-ce que cette bête-là ?

Jamais je ne vis pareille épouvante passer dans des yeux humains. Du coup, l'ivrogne affalé se redressa. Je le vis faire effort pour contraindre sa langue pâteuse à une objurgation ou à une explication péremptoire. Mais avant qu'il n'ait pu former un son, une autre force sembla s'emparer de lui. Il tomba écumant à mes pieds, comme lié et roué de coups, à la façon d'un épileptique.

Le lendemain, malgré tous mes efforts, je ne pus réussir à le faire boire, et, pour me venger, comme je lui demandais, d'un air innocent, s'il n'était pas sujet parfois à certaines crises, je le vis soudain devenir livide et s'éloigner sans répondre.

Le soir, affectant une migraine, je me retirai de bonne heure, et lui, de son côté, m'avertit qu'il passerait la nuit dans un Club napolitain et ne rentrerait que le lendemain. Je m'inclinai et, m'étant soigneusement enfermée chez moi, je m'endormis.

Or, l'hôtel où nous logions était attenant à l'église de Saint-Janvier. Je m'éveillai juste à temps pour entendre onze heures sonner, — 7 + 3 + 1, — au clocher voisin : Garfield était dans ma chambre. Comment avait-il pu y pénétrer sans que le moindre bruit décelât son effraction ? Il se mouvait avec des précautions infinies, et, derrière mon bras nu replié devant mon visage, je pouvais l'observer à mon aise, du fond de l'ombre que cet abri projetait sur mes yeux.

Il était d'une pâleur de marbre.

Arrivé près de mon lit et tourné vers l'Orient, il fit à voix basse trois évocations à l'Esprit. Une sorte de présence invisible emplit la chambre, et Garfield se jeta la face contre terre. Au bout de quelques minutes, il se leva lentement, et sept fois recommença la scène. Puis il sortit de la chambre mystérieusement et sans bruit comme il y était entré. Je me rendormis.

Le lendemain, il entra chez moi vers neuf heures du matin, pour s'informer avec insistance de ma santé. A toutes forces, il tenait à me trouver de mauvaises couleurs :

— On dirait, ma chère, que vous avez éprouvé quelque grosse peur. Vous serait-il arrivé quelque chose ?

Je lui jurai qu'il n'en était rien, que je me portais le mieux du monde, que j'avais parfaitement dormi toute la nuit et qu'aucun cauchemar n'avait troublé la sérénité de mon repos. Il en parut tout décontenancé et brusquement m'annonça que nous déjeunions à dix heures, qu'une affaire urgente l'appelait à Messine et que nous devions partir par le paquebot qui passait à onze heures.

Manifestement il avait cru procéder, durant mon sommeil, à une sorte d'envoûtement magique, et l'échec de ses conjurations le remplissait lui-même d'appréhension au sujet de ses pouvoirs.

Il ne me quitta plus d'une minute avant ce brusque départ. Les malles furent faites comme par enchantement, et le soir même nous couchions sur l'*Italie*. Le lendemain nous étions en vue du phare de Messine ; nous restâmes en ville quatre jours. Puis nous fîmes voile vers Palerme et quinze jours après pour Ancône. Le 7 février nous étions à Rome.

Plus un mot n'avait été dit de Naples et de cette étrange nuit.

Qu'est-ce que tout cela pouvait bien signifier ? Quelle sorte de vaine conjuration avait donc tenté sur moi ce Pontife impuissant ou coupable d'une Déité inconnue ? Ou bien n'était-ce qu'un égarement de ce puissant esprit ? Moi-même n'avais-je pas rêvé ?

En tout cas, si le voyage m'avait fait du bien, je n'avais rien appris de transcendant, en dépit de ma situation exceptionnelle auprès d'un des hauts meneurs de la Secte. Les agréments n'avaient pas manqué, l'utilité était nulle. A moins toutefois que cette Semaine sainte, en l'honneur de laquelle nous rentrions à Paris, le vendredi précédent, ne m'apportât enfin la vraie récompense de ma docilité et de ma constance,

— pour donner ces beaux noms à mon servile et criminel déshonneur.

V

UNE SEMAINE SAINTE SATANISTE

Je fus mandée à la Loge le Mardi saint, et j'y reçus l'ordre d'apporter le jeudi, pour ma part, quinze hosties consacrées.

La commission ne me plaisait guère et ce n'était pas du tout ce à quoi je m'attendais. Mais on ne discute pas un ordre de la Loge, on l'exécute.

Si je répugnais d'ailleurs à cette cueillette sacrilège, ce n'était ni par respect des choses saintes ni par crainte de la damnation. Mon indifférence à cet égard était pleine et entière, et l'affaire avait pour moi peu d'importance. Je la considérais plutôt comme une besogne trop au-dessous de mes moyens, et je songeai à me procurer d'un coup, par subterfuge, chez un marchand quelconque d'objets religieux, quinze hosties non consacrées, afin de m'épargner l'ennui et la fatigue d'une récolte à faire d'église en église. Puis je réfléchis que très probablement, cette première fois au moins, mes démarches seraient épiées et qu'il me coûterait cher d'avoir osé mystifier mes maîtres.

Je courus donc toute la matinée du Mercredi et du Jeudi saints d'un sanctuaire à un autre, m'agenouillant au moment propice à toutes les tables de communion qui se rencontraient. Pour éviter de briser ou de déformer l'hostie en la laissant coller à ma langue et à mon palais, on m'avait appris à me rincer préalablement la bouche avec un vinaigre fort qui dessèche les muqueuses. A peine le prêtre avait-il déposé le sacrement sur mes lèvres que feignant d'incliner pieusement la tête, je le déposais entre les pages d'un livre garni de buvard.

J'avais hâte d'ailleurs d'en avoir fini avec cette basse corvée, me demandant avec impatience si, par hasard, on allait continuer longtemps encore de me contraindre à des vilenies du même genre ; la pensée que la cérémonie du Vendredi saint m'apporterait du nouveau soutenait mon courage.

Un billet que je reçus le jeudi soir me fixait bien pour cette fois l'heure avant minuit comme moment du rendez-vous. L'on me traitait par conséquent en Affiliée supérieure, et c'était un bon présage.

A dix heures et demie, j'étais au vestiaire, où je me trouvai pourvue, à mon insu, de toute une série de costumes, faits sur mesure et marqués à mon nom — ou plutôt au nom dont on m'avait affublée depuis mon affiliation et qui était : *La Nymphe de la Nuit*.

Tous ces costumes étaient d'ordinaire taillés à la grecque ; mais, ce soir-là, celui qui me fut désigné se composait d'une tunique en velours écarlate, avec manteau de moire blanche, semé de gouttes de sang en velours rouge comme garniture.

J'entrai en Loge ainsi parée, et je m'aperçus bientôt qu'une triple cérémonie se déroulait à la fois aux divers étages, à travers l'enchevêtrement de salles qui constituaient dans ce vaste immeuble un véritable labyrinthe.

Mais ici, pour l'intelligence de ce qui va suivre, je suis obligée de recourir à une courte description appuyée de quelques croquis.

Nous avons déjà fait suffisamment connaissance avec l'étage de la Loge où tous les Frères sans distinction sont admis : c'est le plus élevé, quoiqu'il semble qu'on y arrive presque de plain pied et que, toutes ces pièces n'ayant aucun jour sur le dehors, on n'y aperçoive aucun reflet du ciel.

D'un côté de la salle d'entrée, ornée d'une double rangée de banquettes dorées et de portemanteaux, une salle de bains, et de l'autre un Cabinet noir ou Cachette, capitonnée, d'où un escalier tournant descend deux étages plus bas à un étroit cachot. C'est là que les Dignitaires maintiennent aux arrêts tout intrus ou suspect qui s'est par hasard introduit dans la Loge.

Vient ensuite le Vestibule avec sa porte à deux battants qui s'ouvre sur la Loge.

De cette Loge en carré, nous connaissons déjà le mobilier ordinaire : le squelette et la croix à l'entrée, les six colonnes du pourtour et la colonne du milieu, le Dragon, la Table hémicyclaire dont l'ouverture est tournée vers le fond et, là, l'Estrade à sept degrés avec sa Tribune d'où parlent les Orateurs. Derrière les colonnes, la rangée des fauteuils et au-dessus la triple galerie des petites loges.

Ce que je n'ai pas eu encore l'occasion d'expliquer, c'est que, tout autour de cette salle centrale, s'ouvre une suite ininterrompue d'Appartements, dont il me faut bien dire un mot.

A droite du Vestibule en entrant, une sorte de débarras, plus le Vestiaire attenant ; ensuite un Poste de surveillance, d'où les Dignitaires peuvent tenir sous leurs yeux la salle, les jours de séance ; enfin la Chambre verte.

La Chambre verte est réservée aux importantes épreuves du culte, et il s'y célèbre diverses cérémonies sacrilèges que nous retrouverons en leur temps.

Plus loin un long corridor barre toute la largeur de l'immeuble, derrière la Loge, et donne, au fond, sur la Bibliothèque.

Enfin, du côté gauche, face à l'enfilade des pièces que nous venons d'énumérer à droite : d'abord, la Chambre rouge, destinée aux épreuves du sang. C'est là que s'était déroulée une partie, et la plus cruelle, de la cérémonie de mon installation.

Suit la Chambre des délibérations, ainsi nommée parce que les Affiliés supérieurs et parfois les Initiés s'y réunissent : au nombre de sept, pour les réceptions ; au nombre de quarante, pour les élections aux charges ; au nombre de trois seulement, quand il s'agit des Dignitaires.

En suivant toujours, le Cabinet noir, tout tendu de velours noir orné de broderies macabres.

Enfin l'Aurore, à la hauteur du vestibule, n'est qu'une petite pièce blanchie à la chaux, pavée de dalles blanches et ornée d'indéchiffrables inscriptions fantaisistes. L'on s'amuse à y mystifier les profanes qu'on feint d'initier sans conséquence. Au fond, assis sur un tabouret, un mannequin représente un vieillard, vêtu d'un manteau marron, les deux mains sur sa canne et la barbe sur ses mains, dans la posture d'un aveugle portant sur son écriteau : *Réflexion*.

C'est, dans cette première Loge et ses dépendances, comme je l'ai dit, qu'évolue à l'ordinaire la foule des Affiliés et parfois même des Adeptes.

Sous l'immeuble, les caves.

A savoir, en sous-sol, à côté du Cachot dont j'ai parlé, la Salle du Grand Congrès dite aussi Salle du Festin, l'Amphithéâtre et la Gnose, sorte de cabinet d'études cabalistiques et mystiques, où se tiennent parfois des réunions plus nombreuses.

Le long de ces trois pièces, un couloir par où l'on communiquait à cette époque avec la Maison Dorée et le Café anglais.

Sous l'Amphithéâtre enfin, un second étage d'oubliettes où s'étendent une série de cachots affreux et de souterrains ou Chambres de tortures.

Enfin, à l'étage intermédiaire, entre ces deux locaux communs à tous les grades, s'ouvre la Grande Loge ou Temple rond réservé aux affiliés supérieurs et aux Initiés : c'est le retrait par excellence de la Secte.

La disposition en est à peu près la même que celle de la Loge carrée, quant au salon d'entrée, au vestibule et aux vestiaires ; mais la salle des séances est circulaire ou plutôt octogone. Trois galeries de tribunes l'entourent aussi, mais divisées en loges strictement réservées à une seule personne.

Aux quatre angles du carré où s'inscrit cette pièce ronde, on trouve, en passant d'une salle à l'autre comme pour l'étage supérieur : 1º La Salle du Congrès, contenant les Archives et les registres administratifs : les 80 se réunissent dans cette pièce ; 2º le Cabinet des Sciences occultes, où se préparent les fantasmagories de magie noire, la pharmacopée des philtres, poisons et narcotiques, tenue par l'Alchimiste en chef et dont personne n'a la clé, pas même le Grand Orient ; 3º la Crypte des Réflexions : c'est là que les candidats à l'initiation font leurs sept jours de réclusion au pain et à l'eau, dans une tour ronde si étroite et si basse qu'on n'y peut se tenir ni debout ni couché, mais seulement à genoux ou assis ; 4º le Noviciat, qui sert aux études de ceux qui aspirent à l'admission au Grand Congrès. Enfin, au fond de l'étage, au dessus de la Bibliothèque, la Salle du Chapitre précédée aussi de son couloir.

Système compliqué, comme on voit, et volontairement compliqué, en vue de produire une plus forte impression sur les imaginations ; mais on sait combien j'étais peu sensible à ce genre de prestige.

Me mêlant délibérément au flot des Affiliés qui défilaient en silence à l'étage supérieur, je me trouvai bientôt dans la Chambre verte, où nous attendaient les Initiés et les Adeptes, et aussitôt la fête, si l'on ose dire, commença par une cérémonie commune.

Au mur de cette salle, du côté du Poste de surveillance, est adossé un autel de marbre blanc dont le milieu est évidé en forme de cuve. Au-dessus, gît un agneau, de marbre aussi, dont la tête est couronnée d'épines et les pieds percés de clous, le cœur traversé d'une lance. Symbolisme qu'il n'est pas besoin d'expliquer. Le Dragon et l'Agneau ; le Christ et l'Antéchrist : tout le vrai secret de la Maçonnerie universelle était là, crevant mes yeux qui ne voulaient pas voir. Et c'est pourquoi cette fête de la Crucifixion est la Pâque triomphale des Loges, et pourquoi toutes les Sectes, à la place du dimanche des chrétiens, rêvent un peu partout sur la terre de faire du vendredi leur jour de repos et de liesse, en commémoration de leur victoire.

Au-dessus de l'agneau, une sorte de delta ou de triangle enflammé, et un ciboire contenant des hosties, dont une au moins est consacrée.

Plusieurs candélabres à trois branches entouraient l'autel, ainsi que deux grandes coupes, à droite en marbre, de bronze à gauche. Un bassin, au bas des degrés, était rempli d'eau.

De petites branches d'olivier ornaient tout à l'entour les murs de la salle, et deux branches de chêne surmontaient l'autel et les lampadaires.

Quand tous furent réunis et placés devant cet appareil, un Frère postulant montant à l'autel saisit un agneau vivant, l'égorgea et méthodiquement le transperça de tous les instruments de la Passion à l'image de l'Agneau de marbre.

Il en détacha ensuite la tête, les pieds et le cœur, savamment meurtris de ses mains et les jeta, en guise de purification par le feu, dans la coupe de bronze où flambait un brasier dévorant. Le reste du corps fut plongé dans la coupe de marbre, en guise de purification par l'eau.

Le sacrificateur se lava alors les mains dans le sang qui remplissait la cuvette de l'autel, saisit le ciboire, consomma l'hostie consacrée, brisa et souilla les autres à son gré, en récitant en hébreu cette parodie d'un texte sacré :

— *Ce n'est plus toi qui vis, mais c'est moi qui vis en toi, et par tes mains je t'immole.*

Il descendit ensuite de l'autel, se découvrit le cou, se plongea la tête dans le bassin, s'y lava les bras et sortit.

Les Affiliés, saisissant les branches d'olivier, les jetèrent sur son passage et le suivirent en procession, les bras croisés sur la poitrine.

Quand ce fut mon tour de défiler ; je jetai les yeux de tous côtés pour apercevoir Garfield, curieuse de saisir son regard.

Ces rites blasphématoires ne révoltaient pas, hélas ! ma conscience, comme sacrilèges ou criminels ; je les trouvais absurdes et dégoûtants, et je pensais le manifester, au moins par l'expression méprisante de mon visage. Garfield malheureusement n'était pas là, et je dus suivre, résignée, cette procession des Rameaux au rebours.

❦

A la sortie, les divers groupes d'Illuminés se séparèrent.

Les Adeptes et Affiliés inférieurs se rendirent à la Bibliothèque où on leur servit pêle-mêle des viandes et du poisson, afin qu'il y eût double transgression pour eux, en ce jour du Vendredi saint, à la loi ecclésiastique de l'abstinence.

Les autres descendirent au sous-sol, le long de la Salle du festin, mais sans y entrer : car là, de nouveau, le groupe se sépara en deux.

Les Initiés seuls, suivant le long couloir, entrèrent à la Gnose.

Quant aux Affiliés supérieurs, dont j'étais, ils remontèrent à la Loge carrée, où une autre fatigante et écœurante parodie commença.

❦

Un crucifix d'ébène était posé au milieu de la Table hémicyclaire. Au centre de la pièce, au fond, un mannequin en tiare et en robe blanche ; à côté, un trépied, sur lequel reposait un livre et surmonté de onze cierges.

Deux autres trépieds portaient le même nombre de lumières : disposés en triangle, ils représentent ainsi, à trois, le delta sacré, tandis que les trente-trois cierges figurent les trente-trois grades ou degrés de l'échelle mystérieuse qui mènent à la Haute Maçonnerie.

Le second Grand Orient qui présidait à la place de Garfield, — c'était T*** — nous fit ranger en demi-cercle autour de la table, alla vers le livre, y lut différentes leçons, inintelligibles pour moi, mêlées à des insultes à l'Église et à la Papauté.

Par un long discours, il nous assura que la monarchie pontificale était un défi à l'Évangile et que si le Christianisme gardait le moindre respect de ses origines, il abolirait de lui-même cette domination contraire à ses principes et surtout toute trace de souveraineté temporelle et d'attachement aux biens de ce monde. Il montra, pour terminer, que l'homme, étant né libre, ne devait se plier à aucun esclavage, vis-à-vis de l'État ou de l'Église.

Un chant horrible s'éleva alors, et une atmosphère de démence agita la salle. T*** brandissait une hache, et une clameur formidable retentit tandis qu'il abattait l'arme à toute volée sur le cou du mannequin où semblait être enfermé un cadavre.

A ce coup la Victime, — c'est son nom rituel, — jeta un cri strident, et ses yeux sortirent de leur orbite. Un second coup fit rouler la tête. Un silence subit succéda à cette sorte de délire.

Chacun des affiliés, un à un, allait tremper sa main dans le sang du mort, et je reculais épouvantée devant ce nouveau crime. Un Affilié plus humain toucha ma main de ses doigts sanglants, en me chuchotant à l'oreille :

— Courage, ma Sœur Si votre main n'était pas marquée comme les nôtres, on pourrait vous croire tiède ou complice : or l'ennemi de la Loge doit être notre ennemi à tous.

J'entendais à peine, toujours glacée d'horreur. La Victime était-elle vraiment vivante ? Ou bien avais-je été le jouet d'une odieuse fantasmagorie ?

Déjà la cérémonie suivait son cours et m'entraînait malgré moi.

La tête ayant été placée dans un plat d'argent, nous passâmes processionnellement à la Chambre rouge, destinée, comme on a vu, aux épreuves du sang, et la tête fut posée sur le delta sacré.

C'est un grand triangle renversé fait d'un transparent illuminé. A côté, deux petites statues en albâtre représentent deux druides jetant des fleurs dans une coupe où brûlent des herbes balsamiques. Une lampe d'un demi-mètre de diamètre pend du plafond et comporte sept flambeaux qu'on ne doit jamais laisser s'éteindre : car le jour où ils cesseraient de brûler, ces ennemis de la superstition redoutent tous les malheurs.

Aux murs, des glaives, des yatagans, des fleurets, des lances en panoplies tapissent toute la chambre. Ce sont les armes que saisissent les Initiés quand un postulant hésite, comme moi le jour de mon affiliation, à poignarder l'un ou l'autre mannequin, pontifical ou royal, ou le cadavre embaumé. C'est le temple même de l'assassinat.

Aussi le quittai-je avec soulagement pour retourner en bas à la Salle du festin, où cette fois l'on put se mettre à table après s'être lavé les mains.

Pour mon compte, il me fut impossible de manger quoi que ce soit, et je bus seulement quelques gouttes de vin : j'étais dévorée de fièvre. Au dessert, longs toasts à la liberté de la nation, à la mort du Pape, à l'anéantissement du catholicisme. A chaque santé, le second Grand Orient jetait un peu de vin à la face du Crucifix, et à la fin chacun lança la moitié de sa coupe et but le reste, à la mode maçonnique, debout et la main sur son cœur.

Le Christ disloqué, brisé, tombait membre à membre de sa croix sur la nappe, parmi les débris de l'orgie, où chacun s'efforçait d'en réduire encore en miettes un morceau.

Des incisions furent faites à une hostie. On la cloua ou plutôt on la colla à la croix d'ébène. Des goujats crachaient dessus. On finit par la jeter dans l'eau, toute rougie de sang, d'un bassin où nous avions trempé les mains.

Il restait plusieurs autres hosties, et l'on semblait attendre pour les profaner quelqu'un ou quelque chose. Qui ? quoi ? Je ne le savais pas. Tout à coup on frappa à la porte, et nous remontâmes jusqu'à la chambre du Noviciat, où de nouveaux mets et des vins étaient préparés. Une douzaine de femmes, de la plus basse moralité, fardées et la parole injurieuse, attendaient là.

Ainsi, comme je m'en étais aperçue plusieurs fois, l'orgie finissait à la Loge en bestiale débauche ; et on ne m'épargnait même plus la promiscuité de ces pourceaux et de ces prostituées !

Je me levai, indignée, décidée à crier mon dégoût, quand soudain Garfield entra et me saisit par le bras. Il portait un loup de velours noir ; je le reconnus à sa tournure et à son regard plus impérieux que jamais. Il m'entraîna un peu plus loin, sans même entendre ma plainte, dans une chambre vide, et m'y enferma, en m'annonçant qu'il reviendrait me chercher dans deux heures.

Le malheureux, je le vis bien, avait tardé de paraître jusqu'à ce moment-là, justement pour avoir l'occasion d'intervenir à temps et de m'arracher à cette scène odieuse. Il était jaloux ! Jaloux, contre la loi de la Loge, qui veut que tout soit égal et commun entre les Frères, fût-ce l'amour, sans préférence ni refus ! Plus homme que maçon, je le tenais enfin.

Pendant ce temps, comme je le sus plus tard, l'assistance, là-bas, s'amusait à profaner d'attouchements ignobles les restes des hosties et achevait de s'enivrer avec des raffinements d'impureté et d'impiété difficiles à concevoir, impossibles à décrire.

Quand tout fut fini, Garfield vint me délivrer. Il avait son front d'archange ténébreux :

— Femme, me dit-il, comme si ses yeux de flamme m'avaient pénétrée, j'ai manqué une fois encore pour toi aux règles de la Fraternité. Puisse-t-il ne pas trop m'en cuire !

Je m'efforçai de le rassurer, le cajolant de remerciements et de tendresses : vraiment son intervention m'avait sauvée.

Mais cet homme lui-même était bien déconcertant.

Comme je lui peignais en termes aimables et flatteurs mon regret de ne pas l'avoir vu de la nuit et ma frayeur au sujet du cadavre vivant posément, calmement, il se mit à me dérouler toute l'histoire.

La victime était un sujet allemand, Chevalier kadosch, nommé Zémard ou Iéma, qui récemment avait reçu l'ordre de se rendre à Paris pour remplir la charge de Grand Inquisiteur. Mais à peine arrivé, il fit pression sur le Grand Maître en vue d'être débarrassé, dans ses fonctions, de toute surveillance, sous prétexte d'on ne savait quelle exemption supérieure : faute de quoi, il refusait la charge offerte. Il n'y a guère de crime plus grave en Maçonnerie. La question fut immédiatement portée à l'ordre du soir du Chapitre. On fit appeler le rebelle, et on le somma d'accepter et la charge et quatre surveillants nommés d'office. Il s'obstina à n'en pas vouloir et fut enfermé dans un cachot, où il fut laissé trois jours sans nourriture. Ensuite on l'alimenta un peu pour le prolonger jusqu'au Vendredi Saint. Le jeudi, le Grand Alchimiste lui administra un philtre soporifique, après qu'on l'eut ignominieusement dégradé et souffleté en plein Chapitre, avant de l'enfermer dans le mannequin papal. Seul le coup de la mort l'avait un moment réveillé.

Et Garfield me contait tout cela de sa voix calme, avec cet air de distinction, de haute intelligence et de fierté, pour ne pas dire de noblesse, qui soulignait encore la cruauté et la lâcheté de ce meurtre froidement perpétré en vue de fournir à un ignoble rite sa victime annuelle.

— Ah ! misérable, avais-je envie de m'écrier, quand ce sera ton tour de passer par ces supplices, resteras-tu aussi indifférent ?

Puis une autre pensée traversa mon cerveau. Comment cet Allemand, haut initié, choisi pour un poste de confiance, avait-il pu venir se jeter dans un pareil guêpier, sans un ordre ou un intérêt supérieur, et autrement que comme détenteur d'un autre Secret, pour lui plus précieux que la vie ? D'où venait donc cet émissaire, et au compte de qui travaillait-il ? Le nom du Chancelier de fer me vint à l'esprit. Or Garfield, dont je m'étais involontairement éloigné, avait saisi ma pensée. Un sourire d'amer dédain retroussa sa lèvre :

— Non, dit-il. Bismarck lui-même ne pourra critiquer notre sentence sans se trahir : elle est régulière. D'ailleurs ce n'est pas moi qui ai requis la condamnation : c'est T***, et je me moque de ce Prussien. J'ai vaincu d'autres adversaires... Mais toi ? Toi qui feins de me reprocher ce sang, que je n'ai pas fait couler, en rêvant d'écraser autour de toi les cœurs et les vies... Femme cruelle, femme fatale, altérée de vengeance, pourquoi te mens-tu à toi-même ?

Et il reprit d'une voix plus altérée :

— Tu vois pourtant ce que peut coûter le nom d'Illuminé, et tu m'en veux de t'avoir, le plus que j'ai pu, détournée de ce fatal chemin. Tu cherches à tout prix à être Initiée. Eh bien ! tu le seras, Clotilde, et tu sauras. ON le veut ; ON le veut pour toi et contre moi ; ON le veut d'en bas et d'en haut. Salut donc, ô Élue ; mais prends garde à toi, Clotilde Bersone. Tu cours à ton destin.

Brusquement il mit un genou en terre. Son regard se tendit, — ce magnétique regard qui le relevait à mes yeux au milieu des pires bassesses ! Tourné vers l'Orient, blême, lointain et comme possédé, il vaticinait tout haut :

— Oui, je te vois, Clotilde, franchissant l'espace, apporter contre mes avis la mort jusqu'au seuil d'un roi. Plus tard tes doigts se souillent de sang, malgré tes beaux scrupules d'aujourd'hui, et un innocent périt de tes propres mains. Un autre encore succombe au charme trompeur de ta parole, et un troisième est immolé à ta vengeance, Pour parvenir jusqu'au grade le plus haut, tu t'abrites sous les ailes du Puissant, et alors ton regard se retourne, pour l'écraser, contre l'homme qui t'a osé aimer, Clotilde, au rebours de ses serments et de la jalousie du Très Haut. C'est toi qui dans l'ombre machines sa perte et prépares sa mort... Il n'est plus alors de frein à tes ambitions ; tu t'élèves toujours plus haut. Unique Souveraine Maîtresse de l'Esprit, tu le fais agir à ton gré, il parle par ta bouche, et tu n'es pas encore rassasiée d'orgueil et de crimes. Mais voici l'épreuve suprême, il y a trop de boue pour que tu puisses franchir ce dernier fossé. Ah ! tremble à ton tour, ô triomphante, si tu ne sais pas trouver un sûr refuge...

Plus il parlait, plus sa voix devenait sourde, haletante et lugubre. Un frisson d'horreur me secouait tout entière. Je sentais, j'étais sûre qu'il venait de *voir*, en effet, que sa prédiction se vérifierait point par point, et que ce n'était pas lui qui avait parlé, mais par sa bouche un Autre que je ne savais pas encore nommer.

Toutefois, quand Garfield, tombé la face contre terre, se releva au bout de quelques minutes, il ne se rappelait plus rien ; et je me gardai de l'éclairer sur le dénouement de cette morne et cruelle journée.

Rien n'était changé, en somme, par ce vulgaire événement, dans ma vie ; il marquait seulement une étape sur la route où désormais j'avançais d'un pas plus ferme, assurée qu'elle menait à quelque chose et à Quelqu'un.

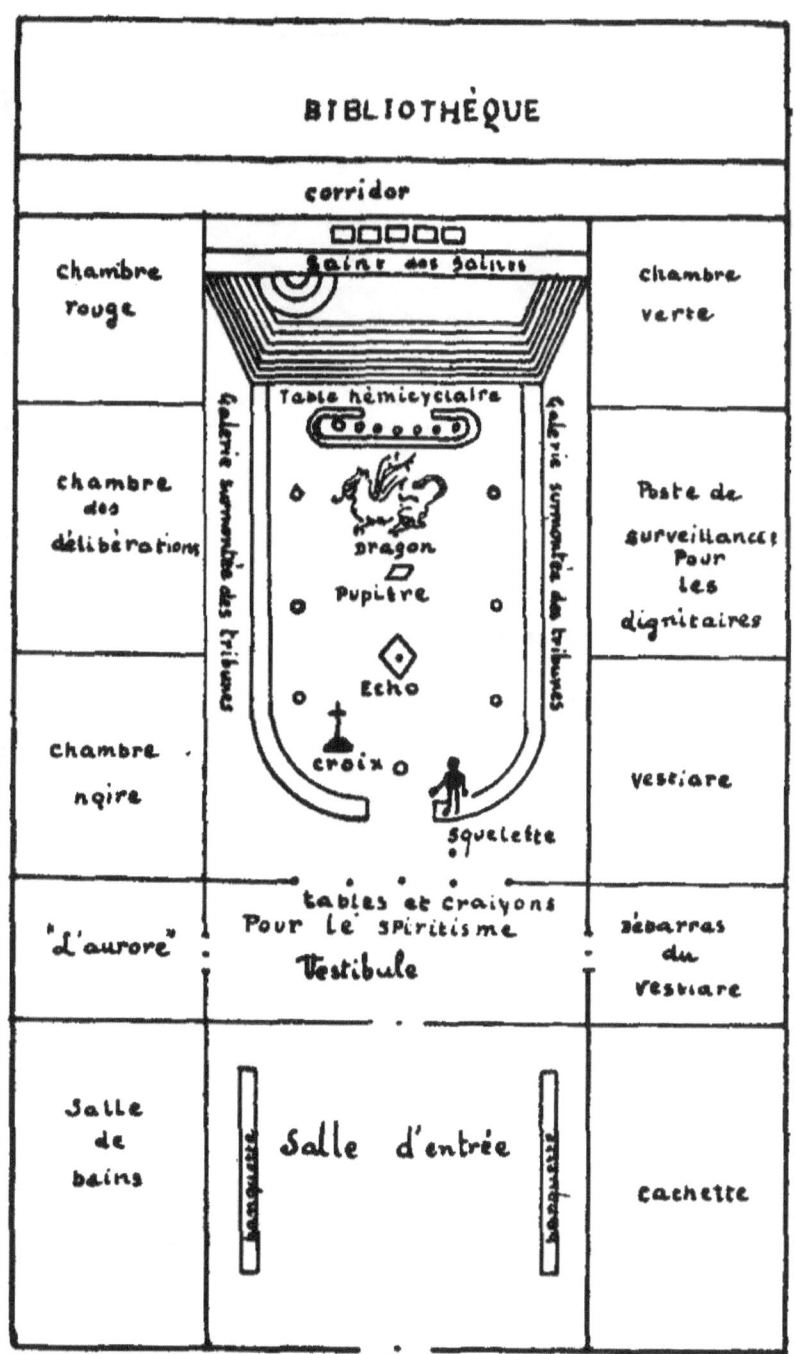

LA LOGE EN CARRÉ DES AFFILIÉS.

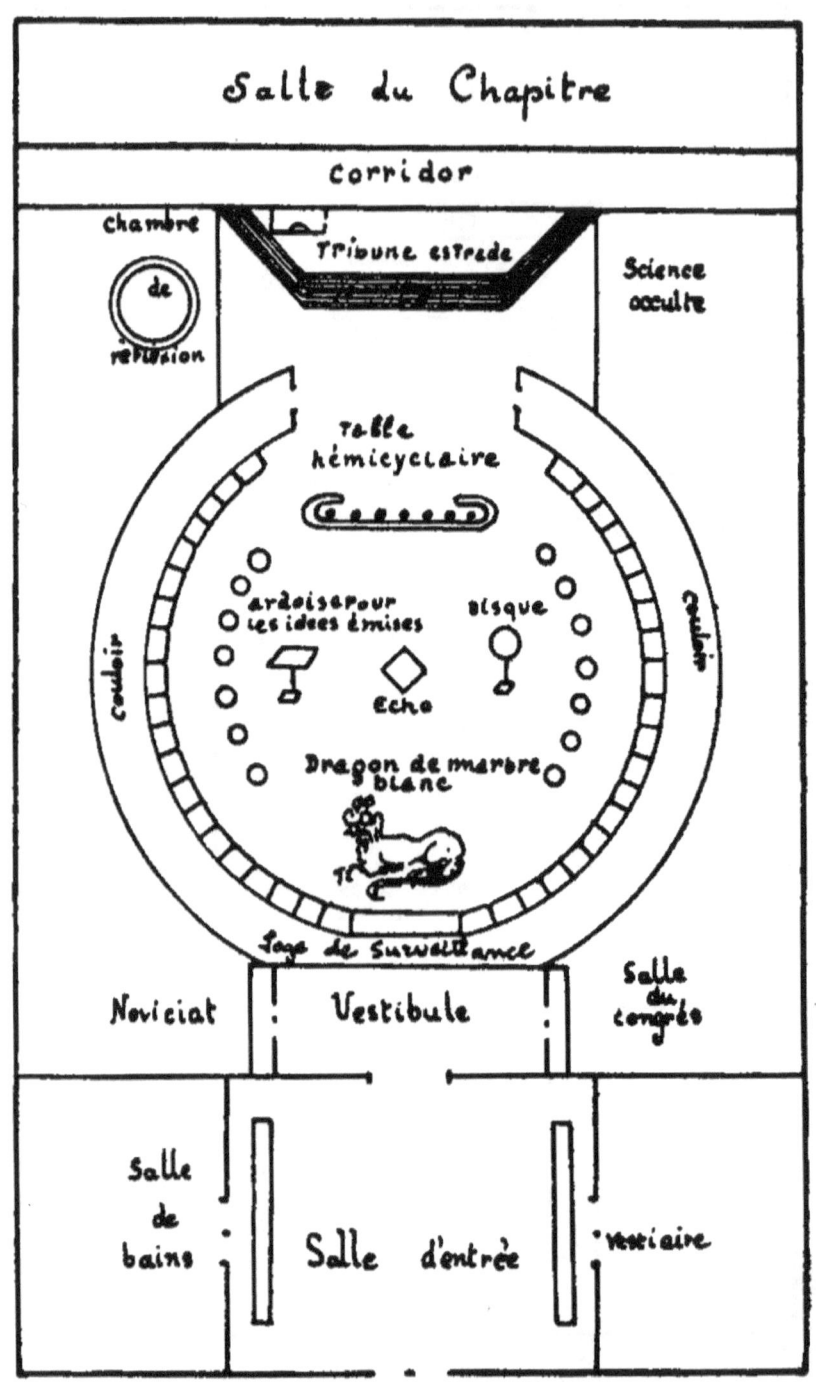

GRANDE LOGE OU TEMPLE ROND.

VI

COMMENT ON EMPOISONNE UN ROI

L'étape suivante devait être moins rapide et plus chargée que je n'avais cru.

Rien de bien important ne se produisit durant les quelques mois de l'été.

Le 21 octobre seulement — nous sommes en 1877, — je fus mandée au Chapitre, où l'on m'annonça qu'en récompense des marques de courage que j'avais données durant mon noviciat, la Loge avait décidé de me charger d'une mission des plus importantes, et qu'il me fallait auparavant recevoir le Secret du Grand Orient.

C'est une sorte d'épreuve particulière à l'usage des Affiliés qu'on veut mettre dans la confidence d'une affaire régulièrement réservée à la connaissance des Initiés. Car ceux-ci ont seuls, de droit, communication des actes et projets sérieux de la Loge. Les autres ne savent rien, — on l'a pu voir à mes propres récits, — que ce qu'ils sont capables de se communiquer l'un à l'autre ou de deviner d'après les rites et opérations quotidiennes. Les mots de passe, les batteries ne sont eux-mêmes que des moyens intérieurs de police, destinés à garantir la sécurité du local. Ils n'ont aucune importance quant aux vrais secrets des Grandes Loges.

On me laissa trois jours de réflexion, avant de recevoir mon consentement.

Je passai ces trois jours à la Loge sans en sortir ni recevoir personne, et le Grand Orient m'enferma, pour y accomplir ce temps de réclusion, dans un des cachots souterrains les moins confortables. J'en pris mon parti en brave, préférant la tranquillité de cette prison aux peu ragoûtantes cérémonies coutumières. A tâtons, je cherchai seulement le lit où je me jetai tout habillée, et demandai au sommeil de m'aider à passer tout ce temps perdu.

Ma première nuit fut tranquille, et, quand je me réveillai, je sentis, en tâtant avec mes doigts les aiguilles de ma montre, qu'il était 7 heures. Une lueur blafarde, tombant du soupirail par où s'aérait le cachot, y répandit bientôt une cendre de jour. J'aperçus un guichet dans la muraille et sur le guichet une veilleuse dont je m'emparai pour la nuit suivante. A 11 heures, apparut une assiette avec ce petit papier :

— *Que désirez-vous boire à vos repas ?*

Puisqu'on se donnait l'air de me traiter en recluse, je répondis, jouant l'austérité :

— *De l'eau claire.*

J'eus pourtant à déjeuner et bus un peu de vin. Le soir, en plus du dîner, une carafe d'eau avec cette étiquette :

— *Gardez, si vous le désirez, un verre et cette carafe.*

On avait pris ma réponse au sérieux : ce qui m'amusa beaucoup.

Ma montre que je remontais soigneusement et plutôt deux fois qu'une, m'aida fort à passer ces interminables trois jours.

Enfin, à minuit, le troisième jour, le timbre électrique me réveilla en sursaut. Ma porte s'ouvrit, Garfield parut, un bougeoir à la main, et je comparus à nouveau devant le Chapitre, toujours étonnée du côté puéril de ces espèces d'initiations aux dessous fangeux ou sanglants : car nulle n'eut jamais moins que moi la tête cabaliste ou ésotérique.

Les Initiés me reçurent avec solennité.

L'un d'eux tenait à la main une écharpe d'azur ; il la passa à Garfield qui m'en ceignit l'épaule en disant :

— O Nymphe de la Nuit, recevez le titre et la charge de Chevalière de l'Ordre de Chypre, et montrez-vous-en digne en exécutant fidèlement les ordres que vous allez recevoir.

Je fis un signe d'assentiment : chacun des Initiés vint me féliciter à tour de rôle et sortit. Nous restâmes seuls, Garfield et moi.

Il était triste et taciturne, comme dans la plupart de ces occasions. Il m'offrit le bras, sans mot dire, et nous descendîmes à la Gnose.

Là il me fit asseoir devant une écritoire et, avec un sérieux imperturbable, me piqua la main avec une épingle, me donna une plume et me dit :

— Écrivez avec votre sang ce que je vais vous dicter.

J'écrivis

— *Je jure de m'ouvrir moi-même les veines, si je suis assez lâche pour abuser du secret du Grand Orient.*

— Signez, m'ordonna-t-il encore.

J'obéis, sans plus. Malgré notre intimité profane, jamais je n'aurais osé dans ces circonstances demander à Garfield une explication, et la tentation ne me venait même pas de lui adresser un sourire complice. Son flegme m'en imposait, et du reste, je n'étais, par bonheur pour moi, ni moqueuse ni taquine à la mode française. Mon tempérament excessif, toujours porté aux extrêmes, s'agaçait de ces simagrées, mais les supportait finalement avec patience comme un des ennuis inévitables d'une périlleuse carrière.

L'air de Garfield m'avertissait d'ailleurs assez que, cette fois, l'affaire était sérieuse et qu'au surplus elle ne devait avoir qu'à moitié son agrément.

Il me fit asseoir dans un fauteuil, me demanda toute mon attention, et, me tendant un pli cacheté, m'expliqua sans que tressaillît un muscle de son visage :

— Voilà !... Ce pli contient un ordre exprès, adressé au prince Humbert, héritier présomptif de la couronne d'Italie, d'avoir à nous débarrasser de son père Victor-Emmanuel, qui, malgré de longs services rendus à la Cause contre la tyrannie pontificale, gêne ou contrecarre aujourd'hui des plans supérieurs... Je vous dévoile ainsi brutalement toute l'importance de votre mission, pour que vous m'écoutiez avec l'application désirable et que vous vous entouriez de toutes les précautions en vue de jouer au mieux un rôle qui n'est pas sans péril.

Il reprit sur le ton d'une conversation enjouée et péremptoire :

— Donc, chère Madame, vous êtes à partir d'à présent, rappelez-vous le bien, Madame Cerati, veuve d'un officier d'état-major italien. Vous arrivez à Rome, de Marseille, où vous étiez en villégiature chez une de vos sœurs. Les bureaux romains refusent de vous délivrer la pension de votre mari, et vous êtes porteuse d'une supplique au prince Humbert, apostillée par Son Excellence Monsieur Cairoli, actuellement membre du Cabinet italien et en grande faveur auprès de Victor-Emmanuel... Vous me suivez ?

On pense bien qu'en effet je le suivais, concentrant toutes mes forces d'attention.

— Vous êtes une veuve exemplaire, chrétienne et même pieuse. Aussi vous êtes-vous adressée au nouveau Cardinal Secrétaire d'État, afin d'obtenir de lui, malgré la brouille persistante entre le Vatican et le Quirinal, une lettre de recommandation qui vous permette, avec l'aide de Cairoli, de rencontrer ici ou là le prince héritier… Quand vous serez en présence de celui-ci, profitez de la première occasion pour lui dire à l'oreille ce seul mot : « *Kebir* ». Humbert vous répondra aussitôt : « *Sabeth* ». Vous lui remettrez le pli et attendrez. Il vous confiera, en réponse, un autre pli que vous nous apporterez ici, le vendredi après votre retour.

Il ajouta à demi-voix, après une pause et un de ces longs regards qui semblaient lire dans ma pensée :

— Ainsi finissent les plus vieux serviteurs dont les services n'agréent plus… Vous êtes jeune, vous, Clotilde ; vous connaissez à merveille la langue, le pays ; nulle ne pouvait mieux convenir à cette besogne qu'on m'impose… Allez, mon enfant, et que l'Esprit vous protège et vous guide.

Je le quittai, la tête bourdonnante.

Il me faut bien l'avouer, cette fois la gravité de mon mandat me transportait d'orgueil. Enfin je sortais des viles besognes subalternes pour m'appliquer aux grands emplois ! Non que je m'entendisse beaucoup à la politique. Ce n'était pas ce côté des faits qui retenait le plus mon attention, et la question religieuse qui s'agite au fond de presque tous ces grands débats m'était, par ignorance, presque indifférente. Femme, c'est à un rôle de femme que j'aspirais, au-dessus de la foule et même des privilégiés du second rang, comme messagère d'abord, puis comme confidente sans rivale du plus haut pouvoir, non pour le confisquer, — je n'en aurais rien su faire, — mais pour le partager, l'inspirer, l'appliquer à mes vengeances particulières, à mes ambitions de luxe, de vanité et de jouissances.

Au surplus, que m'importait le crime dont il s'agissait ? Italienne sans doute par ma naissance, mon déclassement m'avait faite sans patrie, comme sans Dieu. Ce vieux roi, qui avait eu son heure de popularité, ce nouveau prince dont la Secte rêvait de faire un parricide, tuant ainsi d'une main et déshonorant de l'autre le principe monarchique, représentaient seulement pour moi deux marionnettes plus haut placées de la tragi-comédie où je voyais succomber l'influence de Garfield sous le jeu de plus en plus serré du prince de Bismarck. C'était là comme une première revanche que prenait le Cuirassier blanc pour son Chevalier Kadosch immolé dans la nuit du Vendredi Saint.

Faut-il le dire enfin ? A l'intérêt de cette haute intrigue, se mêlait pour moi une sorte d'autre curiosité particulière, où, comme toujours se porta d'un trait toute ma passion. Italienne, je pouvais bien ne l'être plus guère par l'attachement patriotique, je le restais par toutes sortes de fibres et d'hérédités. Fille sans doute de quelque vieux carbonaro, née conspiratrice, il me semblait que, là-bas, sur la terre classique des complots, de l'*acqua tofana* et des poignards sous le masque, j'allais enfin trouver des partenaires à ma taille. Ce prince franc-maçon précipitant la fin d'un père non moins averti, et pour cause ; ce futur roi, aux ordres d'une conspiration universelle contre les trônes, pour sauver sa dynastie ; ce chef d'État enfin, esclave, malgré sa police, son armée, sa couronne, d'un obscur agent maçonnique qu'un mot de lui pouvait faire fusiller dans un fossé de citadelle : quel *imbroglio* ! Quelles *combinazioni* ! Qui serait joué finalement à ce jeu machiavélique où Rome, de tous temps, eut coutume de donner des maîtres au monde et non d'en recevoir des leçons ? Cette autre face de l'intrigue, qui devait échapper même à un Garfield, trop peu souple, et à Bismarck, un peu lourd, m'attirait, à côté et en dehors de mon rôle officiel. J'aurais parié, en dépit de la Loge, pour la finesse transalpine contre le dur sectarisme germanique et anglo-saxon ; mais, comme bien on pense, je gardai précieusement pour moi ces pensées et même évitai de me les formuler, à moi-même d'une façon trop catégorique. C'est la plus sûre précaution, qui ne gâte ni la pleine conscience ni le plaisir du jeu.

Je partis quelques jours plus tard pour Turin, sans que Garfield eût daigné rouvrir la bouche à propos de cette affaire. J'avais pris, par Modane, un train qui devait arriver à Turin vers 11 heures du soir ; je descendis à un grand hôtel près de la gare, et dès le lendemain matin, à 3 h. 1/2, afin de n'être pas reconnue malgré mes voiles de deuil, sûre de n'être pas suivie, je repartais par Bologne.

A Rome, je descendis, place Saint-Pierre, chez un grand marchand d'orfèvrerie religieuse, mandataire de la Loge à Rome. C'est lui qui me présenta au Cardinal Secrétaire d'État.

Celui-ci, sans observations, écouta d'un air digne ma requête, et écrivit pour moi la lettre de recommandation réclamée pour le ministre Cairoli.

C'est au palais Rospigliosi que je rencontrai Son Excellence, qui m'accabla sans sourciller de toutes les obséquiosités de la politesse italienne, sans parler des condoléances de rigueur sur la mort de mon malheureux mari, — dont j'appris par lui l'état civil, vrai ou supposé, et les états de service. Toute la Cour, paraît-il, avait pris part à mon deuil, et le prince Humbert me recevrait certainement dans le plus bref délai, au plus tard avant la fin de la semaine.

Le ministre voulut me présenter ensuite à Madame Cairoli qui m'invita pour le lendemain chez elle, à une soirée : mon deuil, encore trop récent, me servit de prétexte pour décliner la gentillesse. — Quelles jolies scènes, et si bien jouées !

Dès le lendemain, le prince Humbert me faisait savoir qu'il désirait que je fusse présentée à la princesse Marguerite et à la duchesse de Gênes, en présence du prince de Carignan ; je répondis laconiquement que je n'avais qu'à m'incliner avec déférence devant le moindre désir d'un prince aussi illustre, et je reçus l'après-midi la visite de M. et de Mme Cairoli qui venaient se mettre à ma disposition pour le cas où j'aurais désiré faire en ville quelques acquisitions. Je profitai de leur obligeance, et tout était prêt, quand le lendemain, Cairoli vint me prendre, vers deux heures, pour me présenter au prince.

J'entrai au Quirinal, munie de mon pli cacheté. La princesse Marguerite, la duchesse de Gênes, la marquise Pompanati et son mari, le prince de Carignan, le prince Belgiojoso, Mme Amari et le prince Humbert faisaient seuls partie du cercle. Nullement intimidée, je fus présentée aux uns et aux autres. Digne, réservée, le visage, autant que je le pouvais, pénétré de douleur, j'écoutai, près de deux heures durant, les bonnes paroles de ces dames, guettant une occasion favorable.

Tout à coup, le prince Humbert, feignant de se précipiter pour ramasser le mouchoir de Mme la duchesse de Gênes près de qui j'étais assise, se pencha devant moi, et je lui soufflai à l'oreille :

— *Kebir*.

Je ne pus deviner à son air si son attitude avait été calculée ni si mon mot de passe l'avait surpris :

— *Sabeth*, répondit-il sur le même ton en se relevant.

Interdite, et serrant mon pli entre mes doigts crispés sous ma robe, je le regardai, hésitant à lui remettre devant tant de monde mon message. Ce fut lui qui tendit la main, et du ton le plus naturel :

— Ah ! dit-il, c'est le pli contenant les dernières volontés de votre mari et qui m'est personnellement destiné ? Je vous remercie, Madame.

J'avais incliné la tête, pour cacher mon trouble, comme si la douleur que réveillait en moi ce cruel souvenir m'accablait entièrement. Je me demandais, en réalité, tout à fait terrifiée :

— Que va-t-il faire de cette lettre à présent ? Osera-t-il bien la décacheter devant toute cette assistance ? Et comment va-t-il prendre pareille commission ? Ne va-t-il pas se révolter enfin à la lecture de cet ordre criminel et contre nature, et se venger sur moi d'une tentative aussi infâme ?

En dépit de tout ce que j'avais vu jusqu'ici, une insurmontable appréhension s'emparait de moi tout entière.

Cependant, le prince avait sans hâte brisé les cachets, laissé couler au fond de l'enveloppe le paquet contenant le poison, déplié la feuille et lu la lettre de la Loge. Pas un trait de son visage n'avait tressailli. A peine un court frémissement agita un moment sa main. Posément il replia le message, renferma le tout dans un portefeuille, parut réfléchir un instant, et me dit :

— Madame, la question est sérieuse. Je la soumettrai au Roi, qui conserve, malgré son état extrême faiblesse, toute sa lucidité. Dès que je saurai sa décision, je vous ferai prévenir.

Je m'inclinai à nouveau et, quelques minutes après, demandai à me retirer. Cairoli m'accompagna jusqu'à ma porte, et je commençai d'attendre, plus rassurée, le pli cacheté qu'à son tour le prince Humbert devait me remettre pour la Loge.

— Quelle facilité ! pensais-je, avec une sorte d'émerveillement à l'égard de cette admirable agilité dans les pires intrigues, que je rencontrais, comme bien je l'avais pensé, chez mes compatriotes. C'est la Loge qui sera dupe.

Mais à peine étais-je rentrée qu'un émissaire maçon demandait à me voir et me remettait une seconde commission cachetée. Elle contenait un second pli pour Humbert et une lettre pour moi,

La lettre disait :

Vous resterez à Rome encore dix jours. Dans une semaine vous serez présentée à Victor-Emmanuel. L'on versera devant vous dans son verre une boisson, dont on lui fera boire la moitié.

Munissez-vous d'un petit flacon contenant du sirop de violettes. Vous le viderez dans le breuvage restant, et ne vous étonnez pas si celui-ci devient couleur de sang. C'est la réaction ordinaire de la bruccine.

Quoi qu'il arrive, versez le tout dans un autre flacon que vous apporterez ici.

Ne craignez rien d'ailleurs. Vous serez seule avec Humbert, et il vous facilitera les moyens d'accomplir point par point votre mission.

Un ami sincère et dévoué.

P.S. — Ci-joint deux mille francs. Si l'argent vous manque, adressez-vous à votre hôte. Mais n'oubliez pas que vous devez obéissance exacte à toutes les prescriptions ci-jointes, même au péril de votre vie.

Cette fois, cela devenait fort. Ainsi, il fallait et que j'assistasse à l'empoisonnement, et que j'en rapportasse la preuve chimiquement irrécusable. Et non seulement la Loge m'avait fait précéder ou suivre à mon insu d'un agent porteur d'instructions variables selon les circonstances, mais je ne pouvais plus douter que j'étais moi-même strictement surveillée jusque dans mes moindres démarches par un « œil » invisible et partout présent.

— Pour le coup, pensai-je, bien malin sera le prince, s'il échappe à cet affreux filet... Après tout, que m'importe ? Il me suffit que soit remplie ma mission et sincère mon témoignage... Allons !

Je fus effectivement six jours sans nouvelles. Le septième, Cairoli m'apporta un billet du prince. Je l'ouvris. Il ne contenait que ces quelques mots :

Acceptez l'invitation que Cairoli va vous faire pour la soirée musicale de demain. Je vous verrai chez lui. C'est un sujet fidèle, affilié à la Loge.

Cairoli, en effet, m'adressa son invitation en règle, et j'acceptai, après m'être fait un peu prier pour la forme. Rendez-vous fut pris à onze heures et demie.

A onze heures et quart, le lendemain, j'étais au palais. Un huissier prit ma carte et, se ravisant aussitôt, me fit entrer dans un salon désert, où, presque à ma suite, Cairoli entra :

— Le prince, me dit-il, arrivera à onze heures et demie précises ; mais je dois vous laisser seule, afin de ne pas intriguer mes invités.

Je pris en mains une revue musicale pour me donner une contenance, et la demie venait à peine de sonner qu'Humbert me rejoignait sans mot dire. Je lui tendis son pli, il le prit, me pria courtoisement de m'asseoir et parut s'absorber dans sa lecture. Seuls ses sourcils un peu contractés annonçaient la concentration de sa pensée. Enfin, il se retourna vers moi, plus maître de lui que jamais, et, très digne :

— Madame, dit-il, dans quatre jours je vous présenterai au Roi, et vous pourrez dire à Paris jusqu'où j'ai su obéir.

Cairoli, à ce moment, me fit chercher pour entrer au salon. Présentations, musique. Au bout de deux heures, je prétextai la fatigue et me retirai.

Quatre jours après, j'étais chez le roi.

Humbert me présenta à Victor-Emmanuel, sous couleur d'une attribution de pension très compliquée, et le vieux monarque, de son lit, me reçut avec la cordialité familière qui lui avait valu en grande partie sa popularité. Il me dit s'intéresser vivement à la perte que je venais de faire comme à tout ce qui touchait à son armée, regrettant que sa vieillesse et la maladie ne lui permissent pas de s'occuper personnellement de cette affaire. Tout en parlant, il donnait déjà, en effet, des marques de fatigue ; une sorte de somnolence s'emparait de lui.

Humbert se précipita vers une potion, préparée sur une crédence, près du souverain. Je le vis y jeter le contenu du paquet que je lui avais remis, ou du moins d'un paquet tout semblable. Il aida son père à boire la moitié environ du mélange, puis il reposa sans affectation le verre à sa place et, comme le vieillard ne se réveillait pas, il feignit, en attendant un retour de conscience, de vouloir me faire admirer le tableau suspendu au-dessus de la crédence et qui représentait je ne sais plus quelle bataille. Je pus ainsi, debout, verser dans le reste du breuvage le sirop qu'on m'avait indiqué : le verre devint tout rouge, et je frémis. C'était presque un cadavre que nous avions empoisonné, et je ne comprenais plus rien à ce crime absurde autant qu'odieux.

Ce n'est qu'au retour qu'un Initié m'en expliqua sans y prendre garde les dessous.

Le vieux roi était resté croyant malgré ses fautes. Il ne voulait pas mourir sans sacrements. Mais il avait été nominalement excommunié comme usurpateur des Etats pontificaux. Pour obtenir la levée des censures, il avait songé à sortir au moins du Quirinal et de la Ville Éternelle. La Secte, au contraire, voulait qu'il mourût à Rome, dans ce Palais spolié, sans réconciliation, et brusquait sa lente agonie pour le soustraire même à une miséricordieuse avance du Vatican.

Ignorante de ces détours, j'étais atterrée de la hâte sauvage mise à achever un moribond.

Au contraire, en voyant rougir le liquide, le prince avait eu comme une clarté dans le regard. Il me remit à la hâte le pli que je devais remporter à Paris et qui contenait sans doute ses engagements au sujet du renversement des alliances. Puis, fort courtoisement, il s'enquit :

— Quand partez-vous ?

— Dans huit jours, répondis-je oppressée.

C'est qu'il me semblait qu'entre les paupières demi-closes du malade avait filtré jusqu'à nous un regard singulièrement lucide, lui aussi. Mais non ! Étant retournés près du lit, nous vîmes que le roi dormait profondément. Nous nous saluâmes maçonniquement, le prince et moi, du signe des Affiliés, qui consiste à porter sans affectation un doigt à la main droite, au front et au cœur, pour bien montrer que tout est soumis à la loi suprême de la Loge : le bras, l'intelligence et la volonté.

Je me retirai. Victor-Emmanuel survécut quelques jours, et plus que jamais, aujourd'hui, j'hésite à croire que son fils lui ait fait vraiment boire le poison de Paris. Au contraire, les deux princes me semblent avoir été d'accord pour me jouer supérieurement cette comédie, qui sauvait la vie du plus âgé.

La nouvelle de la mort jeta, en tout cas, en Italie une consternation dont je fus témoin. Le bruit courut qu'à l'autopsie, du poison avait été trouvé dans les entrailles, au moment de l'embaumement, mais qu'on avait mis cette intoxication sur le compte d'une dose trop massive de médicaments, sans donner d'analyse. Un journal de Turin, l'*Unione*, fit seul clairement allusion à un crime de famille ; tous les exemplaires furent saisis par la police avec un tel tapage qu'on eût dit qu'on cherchait au Quirinal à ébruiter plutôt qu'à étouffer l'affaire.

Le lendemain du décès, Humbert était proclamé roi et commençait à son tour d'exercer le périlleux métier des souverains qui, tremblant devant les Sectes, s'efforcent de gouverner avec leurs assassins.

VII

MEURTRES ET STUPRES

Huit jours après, je quittais Rome pour la France, passais une nuit à Dijon et étais de retour à Paris pour le premier vendredi de Carême 1878.

Je portai ce jour-là aux Initiés le pli d'Humbert, mon rapport et la fiole qui contenait le liquide obtenu au chevet du roi. Tout se passa le mieux du monde. Victor-Emmanuel était mort, — absous, il est vrai, — mais mort à Rome, et c'est ce qui importait surtout ; l'analyse révéla que le poison avait bien été utilisé, et je me gardai de faire part de mes doutes sur la possibilité d'un subterfuge ou d'un escamotage.

— Ainsi, pensais-je, un jour, ô brutes, j'échapperai au besoin à vos vengeances et, si je ne réussis pas à être la plus forte, saurai-je encore être la plus maligne.

Et je demandai un congé de deux mois pour me détendre et m'étourdir. On me l'accorda volontiers. J'avais débuté par un coup de maître et y avais gagné je ne sais quelle assurance, quelle foi nouvelle en mes moyens. Il semblait aussi plus prudent au Chapitre qu'à tout hasard je restasse quelque temps en dehors de toute affaire, jusqu'à ce que fût effacée toute trace de la veuve Cerati.

Par malheur, ce congé devait, en me rendant des loisirs et ma liberté de mouvement, me permettre de songer derechef à mes injures personnelles et à mes propres vengeances.

Garfield lui-même était absent.

Ses nécessaires séjours aux États-Unis se faisaient de plus en plus fréquents. Sentant le sol trembler en Europe sous ses pieds, il s'efforçait de raffermir peu à peu sa situation en Amérique. Si bien qu'il ne revenait maintenant à Paris qu'à de longs intervalles, pour quelques jours, un mois au plus !

Or, la solitude est mauvaise conseillère pour les mauvaises natures ; elle me livra à mes pires caprices.

D'abord je songeai à Daniel depuis longtemps délaissé, et je résolus de profiter de mon congé pour en finir avec ce misérable séducteur.

L'ayant relancé, je l'entraînai avec moi à Monaco. Il était joueur, et il ne me fut pas difficile d'en faire une victime du tripot. Plus il perdait, plus il hasardait avec fureur. Je menais de mon côté, à ses crochets, un jeu d'enfer. Il fut bientôt décavé. Alors nous revînmes à Paris, et je le poussai, pour se refaire, à jouer à la Bourse, en faisant miroiter devant ses yeux l'espérance d'une nouvelle vie commune, brillante et indépendante. Tout son avoir y passa, y compris ce qui lui restait d'intérêts en Italie.

Un jour, effrayé de sa ruine, il rassembla tout ce qu'il possédait d'argent liquide et s'en alla jouer au Palais-Royal. Quand il en sortit, il avait perdu plus qu'il ne pourrait jamais payer.

Abasourdi, il vint me conter sa mésaventure, croyant m'apitoyer, espérant tout au moins que l'ayant conduit à cette impasse, je me ferais un point d'honneur de l'en tirer vaille que vaille ; je l'écoutais, froide, impassible comme un juge :

— Mon ami, lui dis-je, ce sont vos adieux que vous venez de me faire.

Il me regarda, hébété, sans comprendre ; j'éclatai de rire, et il sortit comme un fou.

Le soir il se faisait sauter la cervelle ; j'en triomphai dans mon cœur, et désormais, la conscience endurcie par ce meurtre perpétré à mon propre compte, je me prêtai à tous les crimes politiques et autres qui se multipliaient en Loge.

Je vis partir pour la Serbie, pour Constantinople, des émissaires chargés de missions homicides auxquelles d'une façon ou de l'autre je devais prêter les mains. Je fus mêlée à plus d'une exécution privée, car tout Initié ou Affilié supérieur qui manque gravement à un article de la

Constitution, est passible de mort, et, quand l'Esprit ne s'en charge, le Grand Orient doit prononcer et faire exécuter la peine.

Les moyens varient.

Lorsque le poison n'est pas possible, la Loge recourt à l'« accident ». C'est un naufrage, c'est une chute de voiture, que sais-je ? Une attaque nocturne, qu'on met au compte de rôdeurs de barrière ou d'une prétendue vengeance crapuleuse. Ainsi mourut le ministre Tegalli au cours d'une promenade dans la campagne de Naples ; ainsi le roi Humbert fut assailli à son tour à main armée, le 22 novembre 1878, par Passanante : la Haute Loge avait éventé sa traîtrise !

Les deux frères Rollin furent punis plus cruellement encore. On les réduisit, grâce à certaines drogues, à une sorte d'idiotisme, navrant par sa gaieté même : ils sont encore à l'heure actuelle à Charenton.

Quant aux exécutions qu'on me confia personnellement, je me garderai de les conter toutes. Le rouge me monte au front rien qu'à ce souvenir, et je ne donnerai en courant qu'un exemple de ces ignominies. Il fera juger de ce que je suis contrainte de taire par la honte et par les bienséances.

Au début de 1879, Garfield étant absent, on me donna à surveiller un certain Boulier, dont on se méfiait. Je lui fus présentée un soir à la Maison Dorée. Nous nous rencontrâmes quelquefois au Bois de Boulogne où je montais en amazone. Il finit par me faire des propositions, et je reçus l'ordre de devenir sa maîtresse.

L'existence que je lui fis mener l'exténua tellement que sa vie ne paraissait plus tenir qu'à un fil. Je lui fis boire quelques philtres savants, que me remettait le Grand Alchimiste de la pharmacopée des Sciences occultes. Enfin, un jour, on me confia deux boules soi-disant magnétiques qu'il s'agissait de lui faire tenir d'une certaine façon, sous prétexte de lui redonner ce stimulant de ses passions qu'il réclamait à toutes les drogues.

Il devint, dès qu'il les eut en mains, d'une pâleur cadavérique et perdit connaissance. Je m'enfuis remportant les boules.

La scène s'était déroulée clandestinement dans une maison de Passy appartenant à la Loge. L'homme passa dans sa famille pour s'être enfui ; j'aperçus, le lendemain, son corps sur la table de dissection de notre Amphithéâtre. Boulier allait servir, à notre première fête, de cadavre embaumé.

Et ce n'était pas, certes, le premier meurtre dont je portais plus ou moins la responsabilité ; mais cette fois j'avais opéré en personne. Rien ne me coûtait plus en fait de crime, et celui-ci était d'autant plus cruel que le malheureux ne m'avait jamais causé personnellement aucun tort et qu'il laissait dans la misère une femme et des enfants. Encore la Loge, grâce à des billets que je lui avais extorqués, s'avisa-t-elle d'organiser après sa mort une faillite posthume afin d'expliquer sa disparition et de déshonorer jusqu'à son nom.

N'étais-je pas mûre enfin pour faire une parfaite Initiée ?

Il y a dans la Loge un « appartement » dont j'ai encore peu parlé jusqu'ici. C'est le Cabinet noir, pareil à une chapelle funéraire, qui s'ouvre, comme je l'ai dit, sur le côté de la Loge des Affiliés, entre l'Aurore et la Chambre des Délibérations.

Là, dix-huit crânes, rendus lumineux par des préparations chimiques, sont disposés en carré le long des murs, sur des tablettes. Une sorte d'autel, maçonné d'ossements, forme le fond. Un commencement de construction de même style fait face à l'autel, et près de la construction, une équerre, une truelle, du sable et de la chaux.

Ces symboles sont pour apprendre aux Frères de quelle sorte de matériaux la Maçonnerie construit principalement son édifice.

L'aspirant qu'on y enferme doit s'exercer à agrandir la construction commencée, passer un quart d'heure à examiner tour à tour les têtes de mort, s'approcher de l'autel et y jeter un liquide et un sel qui tout à coup s'enflamment, tandis que retentissent de toutes parts des cris stridents. Les crânes s'agitent sur les tablettes. Au-dessus de l'autel apparaît une tête de guillotiné, toute sanglante, qui vomit des injures. Des gémissements, des plaintes vous entourent. Une voix sépulcrale profère le nom d'un parent, d'un ami.

Au sortir de cette épreuve, le candidat a droit à des brassards, un casque, une visière, un bouclier, qui le proclament « aguerri ». Contre quoi ? Contre la peur, pense-t-il, car tout semble lui avoir crié : *Tu mourras*. En réalité la signification profonde est : *Tu tueras*. Tu tueras, sans fin, sans excuse, sans motif, au compte d'une puissance de sang.

Du haut de la construction, une sorte de lanterne verdâtre jette dans le Cabinet des rayons blafards, et un monstre ailé, portant deux cornes, une tête d'oiseau et une queue de serpent, voltige sans répit dans cette clarté. Lugubre bête de proie, de nuit et de mort, que des naïfs prennent parfois pour un esprit, et qui n'est que le simulacre de la Puissance qui escompte ici d'avance les meurtres qu'elle inspire ou commande.

Le jour où mourut Boulier, sans doute, dans le Cabinet noir, ce sinistre Aigle cornu dut pousser en mon honneur un double cri de joie,

J'avais bien mérité de lui,

TROISIÈME PARTIE

L'INSPIRÉE CONTRE LE GRAND ORIENT

I

LA PRISE DE POSSESSION

C'est au mois de juin 1879 que Garfield m'avertit enfin que j'étais appelée à remplacer un Initié, nommé Gavagnon, qui venait de mourir.

Je m'y attendais et eusse été bien étonnée que ne m'échût pas enfin cet honneur, après tant de services rendus ; mais mon instruction occultiste laissait encore beaucoup à désirer, si mes autres aptitudes, hélas ! n'étaient que trop manifestes.

Un jour, le Grand Orient me fit donc entrer au Temple rond ou Loge réservée aux Initiés, et je trouvai à cet édifice un aspect imposant, autrement sérieux qu'à la Loge carrée des Affiliés. Moins d'apparat, mais aussi rien de frivole.

La cérémonie devait s'y faire tout prochainement, et les Initiés avaient en outre l'intention de m'élire à l'un des six sièges de la Table hémicyclaire. C'était beaucoup d'honneurs à la fois, après tant d'attente, et les épreuves allaient en être rendues plus difficiles.

Aussi Garfield avait-il tenu à me préparer lui-même à tout.

Et d'abord, solennellement, il tint, à me redire, — par ordre, expliqua-t-il, — quel était le secret, le vrai secret suprême sur quoi reposait toute la puissance de la Loge.

— C'est l'Esprit, m'affirma-t-il, représenté ici par le Dragon à sept têtes.

Il s'aperçut toute de suite que ce début de catéchisme à l'envers égayait mon absolu scepticisme. Incrédule par nature et par conviction, comment aurais-je cru à ce pouvoir extra-naturel d'un Esprit céleste ou infernal. Je ne croyais pas en Dieu ; ce n'était pas pour croire au diable.

J'avais même fini par me persuader, ou à peu près, afin d'endormir mes remords, que tout ce que j'avais vu ou deviné jusque-là d'étrange ou de terrible, n'était que sorcellerie de contrebande ou épouvantail à badauds ; et je me plaisais à railler, même en moi, les soupçons qui me hantaient, comme une survivance de la faiblesse naturelle aux femmes et comme un fantôme de mon imagination surchauffée.

Garfield, saisissant mon impression sur mes lèvres railleuses, n'en voulut pas démordre, et décidé cette fois à en finir avec mon scepticisme, se fit fort de me rendre sensible la présence de l'Esprit. Je le vis se lever, plus hiératique et plus imposant que jamais. D'un geste il me fit signe de gravir la haute Estrade qui fermait la Loge et de me retourner de son côté.

— Voyez ! dit-il alors.

Lentement il quittait son chapeau, ses gants. Il revêtait la tunique écarlate et l'ample toge. Les rayons sacrés brillèrent sur son front ; le Soleil scintillait sur sa poitrine.

Il s'abîma le front sur le pavé et commença les évocations à l'adresse du Dragon, qu'il appelait l'Esprit.

Phrases suppliantes, humbles, serviles même.

Sept fois il recommença, sept fois son front toucha terre. Puis se relevant, comme exalté par une force invisible ; il fixa son regard dans l'espace. Ses lèvres livides murmurèrent quelques mots sans suite. Toutes les lumières à la fois baissèrent dans la salle, sans pourtant cesser tout à fait d'éclairer. Un bruit étrange, comme celui d'un tonnerre lointain, remplit la Loge, et le Dragon, le Dragon de marbre blanc, — pareil à celui des Affiliés, que j'avais cent fois touché de la main au passage, — peu à peu s'anima.

Ses multiples yeux brillèrent d'une flamme sombre. Les crinières des têtes devinrent ondoyantes, le ventre rasa la terre, la queue se recourba sur le pavé, et il s'élança sur les traces de Garfield qui semblait vouloir le dominer de son regard magnétique.

L'horrible Bête enfin s'arrêta, en face de l'Estrade, comme fascinée par son dompteur ; et Garfield lui demanda en allemand :

— L'Affiliée, dite Nymphe de la Nuit, doit-elle accepter l'honneur d'être élue à l'Initiat ?

— Oui, dit la Bête.

Et le mot finit par un sifflement pareil à celui d'un énorme serpent.

Garfield reprit :

— Est-elle capable de soutenir ce grade avec honneur ?

— Oui, répondit le Dragon.

Et, cette fois, le mot finit par un rire strident.

Garfield, fléchissant le genou, parla pour la troisième fois, déclamant avec emphase cette sorte de prière :

— O Toi que je reconnais pour l'Être suprême qui gouverne et inspire nos intelligences et nos actes, — Toi qui éclaires mon esprit et guides mon bras, — Toi qui domines et meus l'univers, œuvre de Ta main, — Toi à qui appartiennent le ciel et la terre, tout remplis de ta gloire, images de ton immensité, — Toi, Lumière, Force et Matière, — prouve ici Ta puissance, qui sait, quand elle le veut, se soumettre les esprits et les cœurs. O Toi, dont la protection s'étend à chacun de Tes fils, Toi l'ennemi du Crucifié, au nom de qui je maudis et Dieu et la Trinité, et le Christ, et la Vierge Mère, cède enfin à celui qui possède Ton esprit, qui est un avec Toi et qui a le droit, — Au nom de la Promesse et du Symbole et du Dépôt sacré, au nom de sa croyance à Ta maîtrise sur toute chose créée, visible ou invisible, — de Te demander et d'obtenir ce que Tu sais.

Suivit une courte évocation en hébreu, la vraie : car tout ce qui précédait, en langue vulgaire, n'était que pour ma propre édification.

Alors le Dragon, dressant ses sept têtes, dont les yeux se fixèrent dans des directions divergentes, vers les divers points de la Loge, jeta un cri lugubre, que l'écho répéta sans fin, et se mit en devoir de répondre en frappant le sol de coups répétés.

C'est la plus fatigante de ses communications. Il faut en effet compter les coups frappés, dont le nombre correspond aux différentes lettres de l'alphabet. Ainsi, trois coups répondent au C, dix coups à l'I, vingt coups au T, etc...

Garfield épela de cette façon tout le message, qui disait :

— *Inutile aujourd'hui. Je la persuaderai seul.*

Puis, à mots entrecoupés, en langue italienne :

— *Vengeance et haine... O femme, viens à moi !*

Je commençais d'écouter avec plus d'attention : mais le Dragon peu à peu s'apaisait. Il finit par retourner à sa place, et il n'y eut plus bientôt sur son socle que l'ordinaire statue de marbre blanc.

Garfield, à bout de souffle, reprit lui aussi son attitude habituelle de gentleman impassible. Je descendis de l'estrade et le félicitai de m'avoir donné ce curieux spectacle. J'étais franchement étonnée, non encore convaincue, redoutant quelque suggestion de ses yeux de flamme. Il s'en aperçut et n'ajouta pas une parole.

Quelques jours plus tard, il partait pour New-York, où il resta trois mois, et quand il revint, ce fut pour me jouer une autre comédie, que sans doute le Dragon lui avait soufflée pour achever de me perdre.

Il paraissait s'être engoué d'une danseuse de l'Opéra, nommée Mina, dont parlait tout Paris. Il ne cessait plus de célébrer ses talents, même devant moi, lors de ses rares visites. Cette créature, à l'entendre, absorbait tout son temps.

Or, je n'aimais pas Garfield, puisque je ne rêvais que de me venger de lui à son tour, dès que je le pourrais. Mais notre liaison me flattait dans mon orgueil, et surtout je n'entendais pas être détrônée par cette fille, tant qu'il ne me plairait pas de céder la place.

Bref, donnant en plein dans le panneau qu'il m'avait tendu pour vaincre mon caprice de froideur, je fus jalouse. Partout, la nuit, le jour, il me semblait avoir sous les yeux, reconnaître au Bois, aux courses, au théâtre, ce couple haïssable, et je détestai ma prétendue rivale avec un renouveau de férocité.

Cette Mina m'avait osé braver ; elle était de trop.

Comment me débarrasser d'elle ? Impossible de m'adresser à la Loge. Mille moyens se présentaient à mon esprit, tous plus absurdes ou plus inexécutables les uns que les autres.

Or, un vendredi qu'un Orateur, monté à l'estrade, m'avait particulièrement fatiguée de ses discours ampoulés, voici qu'en contournant la Table hémicyclaire, non loin du Dragon, une voix inconnue murmura à mon oreille :

— *Haine et vengeance... O femme, viens à moi !*

Je me retournai vivement : il n'y avait personne autour, de moi. Qui donc m'avait ainsi parlé ? Je fixai un moment l'Hydre : elle était aussi muette et immobile que peut l'être une pierre.

Mais ma résolution était prise. Je décidai d'en finir d'un coup, ou avec cette absurde obsession, ou avec un suprême projet de vengeance, encore surexcité en moi par ce dernier incident. Je voulais revenir le lendemain, seule, dans la Loge et face à face, à mon tour, interroger le Sphynx, quitte à être dévorée.

Esprit, Bête ou marbre, ou bien le Dragon se tairait, et je n'avais plus que faire de ce Dieu muet. S'il parlait au contraire, nous ferions nos conditions.

Seulement, il me fallait une clef pour entrer dans le Temple rond, et cette clef, seuls les Initiés la possédaient. J'usai de ruse et écrivis à Garfield que je ne devais pas voir ce soir-là :

> *Si votre belle n'absorbe pas tout votre temps, accordez-moi quelques minutes, à titre d'ancienne bien-aimée. J'ai grande envie de vous offrir à souper.*

Il accourut. J'avais fait préparer un gros feu dans la salle à manger, et nous n'étions encore qu'au mois d'octobre. Bientôt la chaleur l'incommoda. N'ayant encore que très médiocrement bu, il était à demi-ivre. Je l'achevai en versant dans son verre une dose d'opium qui l'assomma.

Je le fis alors emporter dans une chambre à coucher où on le déshabilla. J'entrai ensuite et m'emparai de la petite clé que je savais être cachée dans une poche secrète, sous sa chemise.

Parfaitement sûre qu'il ne se réveillerait pas de sitôt, je me hâtai de me rendre à la Loge. Le concierge me demanda où j'allais. Je répondis que j'avais perdu une boucle d'oreille et que Garfield m'avait donné la clef, ne pouvant m'accompagner. Le concierge crut qu'il ne s'agissait que de la Loge carrée des Affiliés et me laissa passer.

La femme chargé du vestiaire et qui couche dans l'*Avly* me regarda aussi tout étonnée, mais n'osa me retenir, connaissant ma qualité.

Enfin, je pénétrai dans la Loge, allumai deux ou trois becs de gaz et portai mes regards de tous côtés.

Presque aussitôt, ils tombèrent sur le Christ qui surmonte le siège du Grand Orient, et je reçus comme un choc. Mes yeux incertains allaient de cette croix au Dragon. Dix minutes je restai ainsi partagée. La pensée me frappait soudain que, s'il existait vraiment un ordre surnaturel, mieux valait encore pencher pour l'Homme, même avili par un supplice ignominieux, que pour ce Monstre tout animal. Mais j'étais trop loin, en toute manière, de la Croix et des idées de pardon, trop indigne de la sainteté et même, faute de repentir, de la miséricorde du divin Maître.

En vain, audacieuse et tentant Dieu, je montai à l'estrade et m'adressant au Crucifix, après m'être signée cinq fois, je lui criai :

— Christ, fils du Dieu vivant, s'il est vrai que ta puissance soit au-dessus de toute autre, montre-le-moi et confonds ici le Dragon qui te brave.

C'était une sommation plus qu'une prière. Il aurait fallu m'humilier d'abord, plier les genoux et pleurer. Le Christ resta muet.

Alors, folle de rage, je le blasphémai, pour la première fois, de mon propre mouvement. En phrases furieuses, je le défiai de se montrer ou de m'anéantir, et comme mue par une force étrangère, toute trébuchante, j'allai tomber au pied du Dragon, presque inanimé.

Je le fixai, incertaine d'abord ; ma main le toucha, afin de m'assurer que lui aussi était bien de marbre, insensible et froid. Puis, baissant la tête jusqu'à ses pieds, je balbutiai dans un spasme :

— Si c'est toi le Puissant, montre-le. Si tu es le Fort, bouge !

Alors, comme la foudre, une des pattes de l'énorme bête se posa sur ma nuque. Le coup m'étourdit, et les griffes déchirèrent ma chair.

Mes cheveux s'étaient hérissés, et tout mon cœur défaillit à ce brusque et brutal contact avec un surnaturel auquel je m'étais si longtemps refusée à croire.

Aucun doute n'était plus possible. Aucune machinerie ne pouvait m'expliquer le mystère de cette patte velue, chaude et palpitante qui m'étreignait à présent. Une crainte et une joie se disputaient mon âme ; la souffrance fut d'abord la plus forte. Je criai grâce et pitié, multipliant par bribes les évocations que j'avais surprises de la bouche de Garfield. Et peu à peu la Bête lâcha prise.

Dix minutes encore je restai incapable d'un mouvement, d'une parole. Puis, d'un bond, je me relevai et m'enfuis jusqu'à l'estrade, et de là m'efforçant de le dominer, j'osai fixer le Dragon. Des étincelles pétillaient hors de ses innombrables yeux, et cette Bête monstrueuse apparaissait monstrueusement belle : qu'on accorde les deux mots comme on pourra ! De ses sept têtes, plusieurs étaient d'un lion, d'autres d'une panthère, les unes portaient une seule corne et d'autres deux. Le corps paraissait plutôt d'un léopard, zébré de noir. Les jambes courtes, mais fortes, portaient des griffes énormes.

— Esprit suprême, lui criai-je de ma place, est-il vrai que tu m'appelles au poste où l'on veut me nommer ?

— Oui, dit la Bête.

— Et que dois-je faire à présent pour te plaire ?

— Te reconnaître, par un pacte signé de ton sang, pour ma sujette, me proclamer ton Suprême Seigneur, te soumettre en tout à ma volonté, abjurer par acte public la religion où tu es née.

— Et qu'aurai-je en échange ?

— Honneurs et richesses.

Puis, d'un ton plus bas :

— Haine et vengeance...

Emportée alors par mes ressentiments, je lui déclarai :

— Soit. Je me donnerai à Toi, lorsque j'aurai une preuve de ta puissance en dehors d'ici. Accorde-moi deux faveurs auxquelles je tiens.

L'Esprit fit pleuvoir, à ces mots, une grêle de pièces d'or à mes pieds ; les ayant amassées avec dédain, je les jetai sur la Table hémicyclaire :

— Ce n'est pas de l'or qu'il me faut.

— Que veux-tu donc ?

— Je veux me venger de la femme qui m'ôte tout pouvoir sur Garfield.

Le Dragon ricana :

— Mina ?... Soit ! Qu'elle meure. Tu seras seule la maîtresse de cet homme.

Je me rapprochai de lui. Sa promesse avait rompu la glace entre nous. Je n'avais plus peur :

— Et peux-tu me promettre, en retour d'un total abandon, quelque chose encore ? Quelles que soient les liaisons que je sois obligée d'avoir, peux-tu faire que jamais mon cœur n'y soit intéressé et que pourtant je vive sans trop souffrir de cette disette d'amour humain ?

— Je te le promets... Je le puis, je le veux ! Et il s'immobilisa.

Harassée, je me jetai dans un fauteuil, et une heure plus tard je sortais de la Loge sans être aperçue. Garfield dormait toujours quand je rentrai chez moi, vers deux heures et demie du matin. Je remis la clé en place et me couchai. Je ne parvins pas à m'endormir.

A dix heures, mon amant enfin s'éveilla, ne parut se souvenir de rien de ce qui s'était passé, fut avec moi d'une amabilité exquise. Dès ce soir-là, il cessa de fréquenter chez la pauvre Mina ; et sept jours après, celle-ci tombait de saisissement dans la rue, derrière les roues d'une voiture qui avait failli l'écraser au passage.

Les médecins chargés de l'autopsie conclurent à une rupture d'anévrisme assez exceptionnelle. Une semaine encore, on parla de cet étrange accident dans le Tout Paris. Puis le silence se fit. Une nouvelle étoile brilla dans le corps de ballet. Garfield n'avait pas même semblé affecté de l'aventure, ne me quittait plus et se montrait avec moi d'une générosité sans mesure.

A mon cou, une à une, s'effaçaient les cicatrices des ongles de la Bête ; et non seulement celle-ci avait exaucé, à l'égard de Mina, mon vœu inhumain, mais surtout — pour moi, c'était une sorte de révélation et de témoignage d'une complicité supérieure, — elle avait tout caché à Garfield de notre dramatique entrevue.

Un soir, seule, ayant bien réfléchi et très consciente de cette infernale alliance, je signai et scellai le pacte secret.

II

BISMARCK CONTRE GARFIELD

Le résultat ne se fit pas attendre.

A ma grande surprise, Garfield étant absent, on m'avertit un vendredi soir d'avoir à me trouver à la Loge, non à deux heures du matin, comme Affiliée, mais à onze heures et demie avec les Initiés.

Au vestiaire du Temple rond, l'on m'habilla tout de blanc, robe, toge et sandales, et l'on me donna un disque de cristal que je devais tenir de la main gauche. — Tenir un disque signifie, en langue maçonnique, demande d'argent.

Le Grand Maître m'accompagna ainsi parée jusqu'à la porte du Chapitre, où il me laissa sans mot dire : et je crus d'abord à ma réception immédiate comme Initiée, ce qui me comblait de joie.

Je m'étais trompée. La salle du Chapitre s'étant ouverte, je dus entrer et la séance fut courte, quoiqu'il y eût là tout le haut personnel du Gouvernement et des Chambres, assemblé en aréopage :

— Vous partirez demain pour Berlin, me dit un des Initiés, et là, vous agirez selon les ordres que vous recevrez de la Loge suprême.

Ce fut tout. Qu'était-ce que cette Loge suprême que j'entendais nommer pour la première fois ? La règle est de ne jamais interroger. L'on me débarrassa de mon disque, et l'on me versa, séance tenante, une somme de 6.000 francs pour les premiers frais.

Ainsi donc, il ne s'agissait encore que d'une mission comme messagère, mais cette fois au compte des Suprêmes Pouvoirs que je ne connaissais pas. J'étais fort intriguée.

Tout à coup, au sortir du vestiaire, je me heurtai dans Garfield qui rentrait à l'improviste. Il m'offrit le bras, m'accompagna à sa voiture et nous fit conduite à l'Hôtel des Princes. Je ne dis mot durant le trajet, ne lui posai aucune question : n'était-ce pas à lui d'être le plus ouvert et de m'associer davantage à toutes ses pensées, surtout dans ce domaine politique où l'on me poussait malgré mon incompétence ?

Au moment d'arriver seulement, il me prévint qu'il désirait me présenter à un Affilié, messager de Berlin, qui devait faire le lendemain voyage avec moi.

— Comme vous voudrez, répondis-je... Je souhaiterais seulement savoir, si possible, pour ma gouverne, combien de temps peut durer notre séparation.

— Eh ! que vous importe, fit-il avec une soudaine violence, à vous qui vous souciez si peu de moi, et qui me briseriez s'il était en votre pouvoir ?

Je souris d'un air excédé, comme s'il ne s'agissait que d'une querelle d'amoureux. En réalité, je songeais que cette nouvelle expédition, décidée contre son gré, achevait de l'exaspérer et que sa rivalité politique était sur le point de se changer en une jalousie d'homme à homme contre Bismarck. Je jouissais de ses inquiétudes et de son irritation avec un raffinement de cruauté, et il ne put se méprendre sur mon sentiment.

L'Affilié auquel il me présenta était Tauler.

C'était à cette époque un homme d'âge, respectable de tenue, de manières raffinées et douces qui me charmèrent. Il parlait d'une voix posée et n'exprimait que vues élevées et projets utiles.

Il m'accueillit très respectueusement et ne me parla jamais qu'avec la plus grande délicatesse. Aucune allusion à la Loge ne transparut dans ses discours, et sauf les signes maçonniques réglementaires que nous avions échangés d'abord, rien ne trahissait en lui l'Affilié. Il affectait de me traiter plutôt avec déférence, comme une personne d'un rang social plus élevé, et je me demandais d'où me venait tant de considération de sa part, lorsque Garfield me fit passer un paquet de cartes de visites où étaient gravés un nom et un titre :

Sur l'une de ces cartes, Garfield avait écrit :

> *Voilà le nom que vous porterez désormais, Née à Narbonne, vous êtes veuve d'un officier de marine et résidez à Paris depuis un an. Ce matin, à dix heures, je vous remettrai les papiers d'identité qui vous sont nécessaires. Lisez-les attentivement de façon à parler congrûment de votre prétendue famille. Déchirez ma carte.*

Je lus et, sans marquer la moindre surprise, continuai avec Tauler ma conversation sur les villes notables de l'Allemagne. Après le repas, nous nous donnâmes tous trois rendez-vous pour le lendemain soir, à une heure après minuit, à la gare du Nord, par où devait avoir lieu le départ.

Je ne me couchai pas du reste de la nuit, et à peine les magasins ouverts, je me précipitai aux emplettes, passai le reste du jour avec Garfield, fis mes malles, me plongeai dans l'étude de mes papiers.

Il y avait de prétendus actes : 1º de naissance, 2º de mariage, 3º de décès de mon mari ; — le blason de famille de mon mari et le mien ; — un court aperçu de notre double généalogie, principalement celle des de Fiève.

Au moment du départ, sur le quai, Garfield m'attirant brusquement à lui, m'apparut le visage décomposé. Il me dit à l'oreille qu'il était plein de chagrin ; que de ce voyage daterait certainement notre désunion ; que cette affaire lui serait fatale, qu'il avait voulu l'empêcher, et que l'Esprit en avait décidé autrement. Je répondis évasivement. Pour la première fois cet homme, si froid, avait perdu son masque d'impassibilité : il me pressa contre lui et me murmura encore en italien, avec une sorte de caresse suppliante de la voix :

— Je vous en conjure, revenez-moi amie.

Puis, se raidissant contre cet accès de passion désespérée, il s'éloigna un instant, dit quelques mots à Tauler, nous installa dans notre wagon, et, quand le train s'ébranla, partit de son côté, triste, vieilli, le dos voûté, tel que je ne l'avais jamais vu.

Trois jours après, j'étais installée à l'ambassade française de Berlin où des témoignages de véritable amitié m'étaient prodigués par toutes sortes de personnes totalement inconnues ; et dès le lendemain, je recevais un billet marqué des signes maçonniques qui disait :

Acceptez l'invitation qui vous est faite, et soyez ce soir au Palais de Cristal. Pendant un entr'acte, vous serez présentée au Prince de Bismarck. C'est pour lui que vous êtes à Berlin.

Le soir, j'étais installée par Tauler dans une loge, et lui-même, m'ayant quittée un instant, entra dans la loge impériale. L'empereur Guillaume 1er le reçut avec bienveillance, et je vis qu'il regardait à plusieurs reprises du côté de ma loge, comme s'il était question de moi. Quelques instant plus tard, Bismarck et Tauler étaient à mes côtés.

Cependant ces allées et venues avaient été remarquées dans la salle, et l'attention des spectateurs s'était portée de mon côté. Chacun se demandait quelle était la personne objet de ces attentions souveraines. J'affectai d'être offusquée de ces mouvements de curiosité et, très digne, je tendis ma main à Bismarck, en portant successivement mon regard vers l'Orient, à l'Occident et vers la terre. C'est le salut maçonnique des Hauts Initiés que Garfield m'avait enseigné pour ce voyage. Bismarck y répondit.

Il était bien encore le haut et dur Cuirassier blanc, qui pourtant savait se plier à toutes les finesses de la diplomatie et à toutes les grâces de la courtoisie la plus raffinée. Il s'assit en face de moi et, dominant du regard cette foule étonnée, il me dit :

— Ici, si l'Empereur règne, c'est moi qui gouverne, et, par vous, je veux être maître de l'Empereur.

Ces paroles à la fois énigmatiques et trop claires me confondirent. Manifestement Bismarck me croyait beaucoup plus instruite de l'intrigue où l'on m'avait jetée que je ne l'étais en réalité. Impossible à moi de passer outre sans de plus explicites instructions. Que répondre ? Je feignis de laisser tomber, par prudence, la conversation, et le Chancelier m'annonça sa visite très prochaine à l'ambassade. Il s'expliquerait là sur le mandat dont il était porteur.

Il vint en effet dès le lendemain, et, pour faciliter notre entrevue loin de toute oreille indiscrète, on avait imaginé de me le faire recevoir à la bibliothèque, où il entra comme chez lui, sous prétexte de me faire voir un ouvrage remarquable dont nous aurions eu l'occasion de parler dès notre premier entretien.

Une fois seuls, il me posa différentes questions sur les Constitutions de la Loge, et je lui répondis de façon satisfaisante. Il ajouta que, depuis deux ans, il me suivait pour ainsi dire pas à pas, grâce aux rapports des Hauts Initiés, et qu'il comptait en conséquence sur mon concours, dans l'affaire qui l'intéressait.

Je compris moi-même à ses discours qu'entre les Hauts Initiés des six Grandes Loges, des relations suivies étaient nouées qui formaient entre eux une sorte de Conseil, et que telle était la Cour suprême, où Bismarck ambitionnait de soustraire un jour à Garfield la prépondérance, afin de faire prévaloir enfin ses vues politiques dans la Haute Maçonnerie.

Quelles étaient ces vues ? Il ne me révéla guère alors que celles qui touchaient à sa situation personnelle. Il méprisait et détestait le souverain auprès duquel il lui fallait dépenser pour se maintenir plus de temps et d'efforts que pour dominer toutes les chancelleries européennes, et il aspirait au premier rang, sans conteste et sans appréhension. L'on ne pouvait encore songer, pour l'heure, en Allemagne, à l'abolition de la royauté. En attendant, il fallait donc trouver le moyen de pousser l'Empereur et son fils à se faire recevoir membres de la Loge, comme on en avait usé avec la dynastie italienne. Ainsi le Chancelier deviendrait pour de bon le seul et véritable maître, puisqu'il serait, en tant qu'Initié, supérieur à son propre souverain qui ne pourrait plus que lui obéir.

Certes, l'idée était hardie, et je compris tout l'intérêt qu'y prenait la Loge suprême. Elle tenait Bismarck, qui tiendrait Guillaume, et elle aurait par lui la haute main sur tout l'Empire. La Prusse, que déjà la Maçonnerie avait lancée, en 1870, contre la France, assurerait ainsi à la Maçonnerie l'hégémonie mondiale, et il ne resterait plus qu'à mettre à son tour en République ce vaste Empire, ainsi que l'Autriche, en attendant l'avènement de la Démocratie universelle et la Révolution mondiale du Grand Soir.

Or, le projet n'avait en soi rien d'irréalisable. Napoléon III, affilié à la Franc-Maçonnerie, n'en avait pas moins perdu sa couronne, et le Prince impérial devait sa mort à la même Puissance occulte. Car il avait fallu d'abord que la France fût livrée à la bande qui depuis 70 la trahit et la vend pièce à pièce, en y déchaînant la guerre religieuse, après avoir placé ses créatures aux plus hauts postes : à la présidence de la République, aux bureaux des Chambres, dans les ministères, dans la presse de gouvernement et même d'opposition, dans les administrations, enfin dans les états-majors et jusque dans l'Église.

Berlin, comme Paris, allait tomber à présent sous le joug, et Bismarck qui se servait de la Loge contre la France, devait feindre d'être prêt à la servir contre son propre pays, pourvu que lui-même gardât le pouvoir.

Ce point d'appui pour le levier maçonnique suffisait à soulever le monde.

Mais comment décider l'Empereur à entrer dans la conjuration ? Comment surtout pouvais-je aider un Bismarck à persuader sur ce point son propre souverain, moi femme, moi Française d'occasion et comtesse d'emprunt ?

— Ne vous inquiétez pas, me dit le Chancelier... J'ai en vous toute confiance. Vous saurez comment et pourquoi plus tard, quand vous aurez lu le Livre sacré.

Et il m'avertit que le lendemain je serais présentée à l'Empereur. Il m'offrit même à cette occasion un étrange bijou, composé d'une sorte de truelle en or, incrustée de brillants, qu'il me conseilla de porter à l'audience du lendemain dans ma chevelure, de façon à attirer l'attention de Guillaume et d'avoir ainsi l'occasion de l'entretenir de la Loge. Une toilette éblouissante que Garfield venait de m'expédier de Paris compléta ma parure, et un dernier lavage, avec une eau dont Garfield m'avait également imposé l'usage, acheva de rendre entièrement blonds mes cheveux jusque-là si bruns. J'étais méconnaissable. Ma physionomie même en paraissait toute changée, et ainsi, lorsque je rentrerais à Paris, la comtesse de Coutanceau, sacrée par ce triomphe mondain à Berlin, pourrait mener une vie toute nouvelle, sans risquer d'éveiller ici ou là le souvenir importun de Clotilde Bersone.

Toutefois, ce n'est pas sans appréhension que j'abordai l'Empereur.

On m'avait présentée à lui comme une femme politique, pleine de vues et riche d'influence : cela m'effrayait un peu, la politique étant certainement ce qui me préoccupait le moins à cette époque, en dehors des rôles subalternes qu'on m'y faisait jouer. Comme je faisais part de mes craintes à Bismarck, il me répondit finement :

— Bah ! vous savez être parfaitement ce que l'on désire, lorsque votre esprit, Madame, veut bien s'y prêter.

Je souris à ce compliment, implorai *in petto* l'Esprit de m'assister dans cette difficile affaire, et, malgré un reste de scepticisme au sujet de sa protection, je dois dire que je me sentis dès cet instant une nouvelle assurance.

L'on me reçut à la Cour avec beaucoup plus de considération que l'on n'avait fait à Rome. Mes moindres paroles étaient approuvées et répétées comme des oracles. On faisait cercle autour de moi.

Tout à coup la truelle d'or, dans mes cheveux, frappa l'attention de l'Empereur. Il me demanda à voir ce bijou. Je m'approchai du trône et, fléchissant le genou pour qu'il pût considérer le joyau de plus près, je me trouvai pour ainsi dire tête-à-tête avec le vieux monarque.

— Ceci, me dit-il intrigué, ressemble à un insigne maçonnique.
— En effet, lui répondis-je, c'en est un, et de la plus franche Maçonnerie qui soit.

Il parut tout décontenancé.

— Il est étrange, repris-je en riant, de voir les vaines craintes que ces Sociétés soi-disant secrètes inspirent au monde par leur innocent mystère. Ah ! si l'on savait ce qu'a de charme la fréquentation de tant d'esprits érudits et lettrés, de personnalités éminentes en tout genre, de femmes spirituelles et jolies, — au lieu de craindre les Loges, chacun s'efforcerait d'y entrer.
— Mais pourquoi, me dit le Souverain, pourquoi ce mystère ? Pourquoi un cercle aussi fermé ?
— Parce qu'il est pénible, répliquai-je avec un peu de hauteur, de se trouver, si l'on ouvre ses portes à tout le monde, en contact avec le vulgaire... L'Empereur d'Allemagne fraie-t-il avec les débardeurs de la Sprée ?

Cette boutade me valut le plus aimable sourire que jamais, me dit-on, la figure renfrognée de Guillaume 1er eût ébauché depuis son avènement : et j'en restai là pour cette première entrevue.

Quelques jours après, l'Empereur me faisait dire cavalièrement par Bismarck qu'il m'accordait un rendez-vous intime et s'offenserait d'un refus. Je ne pus qu'accepter l'invitation. L'Empereur se déclara charmé, et pour montrer qu'il comptait bien que nos relations ne s'arrêtaient pas là, il me fit don d'une jolie villa à Lomnflistadt, à quelques lieues de Berlin : propriété dont je tirai par la suite un revenu d'environ 5.000 francs par an, jusqu'au jour où, à titre d'Initiée supérieure, il me fut interdit par la Loge de garder aucun bien personnel.

Au cours d'un troisième entretien, Guillaume enfin me posa force questions sur la Maçonnerie, et je lui répondis par des phrases toutes faites dans le goût de celles qu'on a vues. Plus pressante, j'ajoutai :

— D'ailleurs, entrez à la Loge, et Votre Majesté jugera par elle-même. Elle décidera ensuite.

— Une dernière question, objecta-t-il. Y a-t-il eu quelquefois des monarques dans cette Société ?

— Oui. Le roi Humbert d'Italie en est, et il n'est pas le seul.

Je demandai là-dessus à me retirer, et huit jours après je m'apprêtais à repartir quand Bismarck se fit annoncer à l'Ambassade :

— Écoutez-moi personnellement, me dit-il, car ceci est en dehors de votre mission, laquelle a merveilleusement réussi. Vous haïssez Garfield, je le sais, et je partage votre haine. Cette nouvelle riche qu'est l'Amérique en prend trop à son aise avec la vieille Europe, et, avant même qu'il soit possible de confédérer les États-Unis de l'Ancien Monde, elle rêve d'exercer sa brutale autonomie au sein d'une Confédération planétaire. L'oncle Sam a trop gros appétit, et c'est Garfield qu'étouffera d'avance l'indigestion ! Vous visez à sa perte, et je puis, moi, vous en fournir les moyens. Unissons nos efforts : le pénible échafaud où il s'est hissé lui-même, comme sur un trône, s'effondrera des quatre pieds.

Et il me livra le clé de plusieurs intrigues où le futur Président des États-Unis avait travaillé, en effet, contre le Grand Orient ou écouté à Paris son intérêt personnel plus que les mots d'ordre de la Loge Suprême.

— Sans parler, ajouta galamment le prince, de notre plus belle conquête qu'il a su détourner si longtemps presque tout entière à son profit.

C'est pourquoi Garfield était rejeté de l'Esprit et ne tarderait pas à être exécuté.

Je reçus, pour le convaincre de haute trahison, plusieurs pièces et documents de sa main ou tout au moins signés de lui, qui devaient assurer sa perte, dès que serait ouvert le débat. Libre à moi d'ailleurs de m'ensevelir avec lui dans sa ruine !

Je protestai que je m'en donnerais bien de garde, que Garfield m'avait abusée la première au delà de ce que j'avais jamais soupçonné, et que j'étais maintenant décidée à la vengeance.

Nous nous quittâmes sur ce mot, qui était un traité d'alliance et presque un serment.

III

LE DÉFI AU GRAND ORIENT

Le premier vendredi qui suivit mon arrivée à Paris, je rendis succinctement compte aux Initiés de tout ce qui m'était arrivé durant mon séjour à Berlin ; et l'on m'assigna le lundi suivant pour un rapport complet à tous les membres du Grand Conseil.

Quant à Garfield, au moment de sortir, je lui fis signe que je désirais qu'il m'accompagnât et, avec empressement, il consentit à me reconduire jusque chez moi.

Je m'efforçai d'être aimable avec lui, malgré la préoccupation trop forte qui traversait tous nos sujets d'entretien. Plus de vingt fois, il entama la question Bismarck, et à chaque reprise un feu de haine plus brûlant allumait son regard. Vingt fois, j'esquivai ses coups droits et tentai d'égarer ses soupçons.

Je lui dis que j'avais trouvé le Chancelier distingué, politique, énergique...

— Et lâche, murmura Garfield entre ses dents... Lâche qui se cache derrière une femme.

Je feignis de n'avoir pas entendu.

— Le reverrez-vous me demanda-t-il ?

— Je le pense.

— Où donc ?

— A Berlin. Peut-être même à Paris ou à Dresde.

— Pourquoi faire ?

— Parce que nos idées s'accordent.

Garfield se leva avec un frémissement de colère. Il était encore trop tôt pour le braver ; je feignis d'avoir cédé à une simple envie de le taquiner et me fis flatteuse, cajoleuse même, comme je ne l'avais jamais été.

— Qu'avez-vous lui demandai-je avec ingénuité ? Ne vous reviens-je pas amie, comme vous l'avez voulu ?... Ah ! personne ne vous remplacera jamais dans mon cœur, si toutefois la place que je vous y réserve vous est chère.

Mal m'en prit d'avoir poussé aussi loin les choses, et à peine avais-je lâché cette flagornerie que je le regrettai amèrement. J'avais en effet déchaîné en Garfield un de ces accès de passion brutale et folle qui de tout temps l'avait dégradé à mes yeux. Simple auxiliaire ou disciple, sans doute serais-je demeurée éternellement l'esclave de ce grand esprit ; je me dépitais de n'être que le jouet de ses plus ignobles caprices.

Aussi, lorsqu'il eut retrouvé son sang-froid, longtemps nous demeurâmes l'un et l'autre comme atterrés de la nouvelle brisure qui venait de se faire entre nous. Puis Garfield me dit tout à coup :

— Tu veux toujours être Initiée ?

— Oui, je' m'y suis décidée définitivement à Berlin.

— Ah !... Mais vous ne croyez pas à l'Esprit ?

— Si. Je constate à présent la présence d'une Puissance supérieure. Rien de plus. Car autre Chose est la soumission de l'intelligence à des faits inexplicables mais certains, autre chose l'asservissement de la foi à d'absurdes explications.

Je me gardai d'ailleurs de la moindre allusion à ces « faits », qui m'avaient enfin persuadée et que Garfield pouvait prendre à la rigueur pour la médiocre évocation dont il m'avait donné le spectacle.

Il me jeta un long regard, n'insista pas ; et le lundi, quand j'arrivai au Chapitre, au lieu de m'écouter d'abord, on m'y laissa seule, en tête à tête avec un grand livre fermé, placé sur un pupitre. Que faire ? Ouvrir sans doute et lire. Je m'y décidai, et, à la première page, je trouvai épinglé ce billet :

> *Lire, approfondir, se rendre à l'évidence, soumettre son esprit et ne mettre aucune entrave à l'acceptation de la vérité qui parle sans ombre et sans figure.*

Je souris, reconnaissant le style de Garfield, et me mis à lire les *Prophéties*.

En style barbare, c'est une sorte de parodie de l'Apocalypse, pleine d'un symbolisme assez cru, contrefaçon du Cantique des Cantiques, et coupée de versets de psaumes. Ce tohu-bohu de rapsodies soi-disant dictées par l'Esprit à la veille de l'an mil, a été religieusement conservé depuis par les Sectes successives. C'est le Livre sacré par excellence, prétendent les Initiés ; en réalité, un fatras.

L'original en serait conservé à la Loge supérieure byzantine ; six copies en ont été tirées pour les six autres Grandes Loges d'Afrique, d'Amérique et des Indes orientales, de France, de Russie, d'Italie, d'Asie. Je feuilletai longtemps sans grand intérêt cet indigeste grimoire.

A l'entendre, la première des Loges maçonniques supérieures aurait été fondée à la fin du Xme siècle : et je regrette de n'avoir pas étudié plus tard, avec soin, les filiations plus ou moins authentiques par où prétend descendre d'aussi haut la Maçonnerie moderne. J'y aurais trouvé peut-être quelques indications utiles ; alors je considérais tout cela comme un amas de niaises inventions.

Sur la page de garde des *Prophéties* proprement dites, figurent un triangle renversé et un dessin grossier représentant le chaos d'où sort un ange enchaîné qui bouleverse l'espace.

Puis commencent les vieux textes en toutes langues concernant la Secte. Jargon mystique dont la mauvaise traduction en langue moderne aggrave encore l'obscurité.

Il me serait impossible de reproduire aujourd'hui, de mémoire, même l'essentiel de ces imaginations délirantes,

L'Esprit, qui est censé parler en 999, entame d'abord une sorte de récit au rebours de la Genèse :

> *J'étais et régnais au-dessus de l'étendue ; un jour se firent pour moi les ténèbres, et j'ai souffert.*
>
> *Alors, entre les génies amis, une voix s'éleva, et elle dit :* A celui à qui l'on a fait tort, salut.
>
> *Mille et mille ans passèrent, et le Dieu proscrit flottait parmi les éléments épars, et seul le Père m'appelait son Fils.*
>
> *Mais du Feu sortit la Lumière qui, planant sur la terre, engendra ses enfants.*
>
> *Alors, avant que ne sonnât l'An mil, l'on vit arriver sur la terre, qui avait pour Mère la vraie Lumière et le Feu pour Dieu, des Esprits enfin éclairés. Les Hommes frémirent, sans qu'il pussent discerner ce qui les*

agitait ainsi. Ils sentaient, sans le savoir, qu'un monde nouveau naissait au milieu du monde, et ils crurent que l'antique univers touchait à sa fin. Comme si tous allaient mourir, chacun se disposait à se défaire de ses biens.

Après cette description embrouillée, vient celle des schismes et des hérésies qui ont désolé de tout temps l'Église ; et ce n'est guère qu'à l'aide des annotations en bas de pages qu'il me fut possible de saisir de quoi il s'agissait. Seule une idée se dégageait de l'ensemble, c'est que toutes ces hérésies ne furent longtemps que des efforts dispersés et incomplets. Faute de s'unir, elles se vouaient à l'échec ; c'est la Maçonnerie qui leur a enfin procuré la liaison occulte et le commandement unique, préludes de leur victoire.

D'autres symboles désignent ensuite Mahomet et les différentes guerres ou révolutions sporadiques et seulement préparatoires,

Enfin l'humanité devra choisir entre les deux Esprits adverses du Bien et du Mal qui, depuis les origines, se combattent à travers le monde, éternellement ennemis. Aucun accord n'est en effet possible entre ces deux génies si différents, et « l'un vit des victimes de l'autre ».

Sur quoi, l'oracle reprend :

Je suis venu parmi vous, Enfants des Loges, comme le Pélican vers ses petits, après avoir percé mon sein et vous avoir nourri du sang de mes souffrances, des larmes de mon exil.

Et je ne viens pas pour être élevé et remis sur un trône, mais pour vous demander la vie par le sang de l'Agneau.

Suivent des oracles concernant l'avènement de la Maçonnerie, l'exaltation et, à la fin des temps, le complet empire de la Secte, — puis l'apparition d'un nouveau monde, peuplé, par la métempsychose, des fidèles de l'Esprit amenés par leurs mérites à un état supérieur, à l'abri de toute souffrance...

Je l'avoue, un ennui profond accompagnait pour moi la lecture de ces élucubrations dignes des Livres sibyllins. Tout à coup les lignes se mirent à flamboyer sous mes yeux.

L'Esprit parlait d'un temps où il ne voudrait plus se manifester aux siens. Il leur reprochait les passions qui les abrutissent et les aveuglent, et soudain il prophétisait :

Il viendra un temps où vous ne me verrez plus ; la désolation et la frayeur régneront parmi vous.

Alors vous aurez recours à moi ; mais je ne parlerai plus jusqu'à ce que la Femme soit venue.

Ne vous y trompez pas. L'Aurore s'est levée, et à l'heure de midi il y a eu un autre enfantement.

A la nuit, une nouvelle Nymphe viendra sourire à l'Orient.

Elle sera forte, car elle ne s'appuiera que sur moi.

Je l'élèverai bien haut, si haut que la terre lui semblera trop petite pour la contenir.

Vous recevrez les effluves de cette possession suprême ; car elle et moi ne ferons qu'un, dans une union qui ne saurait se dissoudre.

Entendez bien ! Une femme est venue, et elle est morte. Une autre vient, et elle mourra. Une dernière viendra et vivra.

A une heure lointaine, je la vois se reposer, lasse de fatigue. Alors ne lui refusez pas son repos, car elle pourrait me fuir. Mais non. Le temps nous a unis, le temps ne saurait nous séparer.

Sachez et rappelez-vous bien que je ne parlerai que par la Femme.

Je ne sais par quelle aberration, suggérée sans doute par le souvenir obsédant d'un mot de Bismarck, ces lignes obscures me paraissaient s'appliquer exactement à moi, avoir été écrites pour moi. Je comprenais dorénavant et les prédictions à mots couverts de Garfield et l'allusion du Chancelier au Livre sacré. Moi, c'est moi la Nymphe que l'Esprit annonçait d'avance comme son oracle et son Élue.

Double méprise : car Satan ignore l'avenir comme le fond de la pensée des hommes. Ou ces lignes ne signifient donc à peu près rien, ou s'il faut leur attacher un sens comme à un projet de l'Enfer et à un plan des Sectes, il est trop évident qu'il ne s'agit pas de « femmes », comme se sont persuadées trop de malheureuses, avant et après moi.

J'ai su plus tard le nom de celles qu'on me disait avoir été choisies pour mes devancières et qui avaient succombé à la tâche ; pas plus qu'elles, je ne devais vivre sans fin ni étendre mon empire à toute la terre. Si cette promesse concerne quelque chose ou quelqu'un, si ces Femmes portent un nom, il s'agit aujourd'hui de celle que Nostradamus, dans son *Épître à Henri II*, nomme « la stérile de longtemps », et qui s'est appelée successivement la Première, la Seconde et la Troisième République française, vraie Puissance de Satan, une avec lui, par laquelle il parle, règne et gouverne et qui, transformée en Démocratie universelle dans l'attitude du vieux Baphomet du Temple, la torche en main et le bonnet phrygien sur la tête, menace de régner bientôt au nom de la Bête sur la terre entière.

Mais j'étais comme affolée, hypnotisée par cet écho soudain répondant à mes préoccupations subconscientes : écho qui semblait me revenir d'un vieux texte certainement antérieur à mon aventure, et qui en réalité avait lui-même inspiré ceux qui me poussaient dans cette voie maudite.

Deux jours je restai à la Loge, dévorant ces lignes du regard, et trouvant les moments trop courts, moi qui avais pensé d'abord périr de lassitude rebutée ; et entrée l'âme pétrie de criticisme, j'en sortis fanatisée, pour être conduite à la Salle du Festin.

Elle était tout illuminée ce soir-là à l'occasion du Grand Congrès qui se tient en pareille occurrence. Des sièges y étaient disposés en vaste demi-cercle, et au milieu un fauteuil. Les ministres, députés, sénateurs se pressaient de toutes parts.

L'on me revêtit d'une tunique de velours noir parsemée de rayons, avec une toge assortie, doublée de satin rouge. Aucun signe maçonnique sur toute cette parure. Mes cheveux, devenus très blonds depuis mon voyage en Allemagne, tombaient flottants sur mes épaules. Un cercle d'or ceignit mon front en signe d'adhésion de mon esprit à l'empire de l'Être suprême.

Ainsi costumée, le Grand Maître m'accompagna encore une fois jusqu'à la porte de la Salle du Conseil. Il frappa 7 + 3 + 1 fois, suivant la batterie d'usage ; la porte s'ouvrit à deux battants, et un Chevalier d'Asie vint à moi, me prit la main, m'amena au centre de l'hémicycle et me laissa seule.

Jamais je ne vis rien de plus beau que le costume de ce Chevalier ! Le buste serré dans une cotte de mailles d'acier, avec brassards de même et chemise flottante de soie rouge qui tombait sur la maille en bouillons, il portait une sorte de veste rouge bordée d'or, des bottes dépassant les genoux et serrant les pantalons de peau. Un bouclier dans la main gauche, un casque d'acier serti d'or et de pierreries, une crinière flottante qui tombait sur le manteau écarlate négligemment relevé sur le bras.

Tout le Conseil était réuni : soit les 80 membres, plus une quinzaine de Chevaliers d'Asie, mandataires des différentes Loges supérieures.

Je subis là, debout, à peine appuyée au dossier du fauteuil, un interrogatoire qui dura exactement deux heures vingt-cinq minutes.

Tous les Membres du Grand Conseil m'interrogèrent tour à tour sur les devoirs des Affiliés, les Constitutions de la Loge, la soumission aux Décrets supérieurs du Grand Conseil. L'on sonda mes vues, mes goûts, mes opinions, mes tendances. Ils en furent d'ailleurs pour frais : sous les apparences du plus entier abandon, je ne leur laissai voir ou deviner que ce que je voulais bien qu'ils sussent.

L'on passa ensuite au vote. Les boules une à une tombèrent dans l'urne. On en trouva au scrutin 84 rouges et 3 noires. Mon triomphe était complet, mais j'étais faite, hélas ! de telle sorte que ces 3 boules noires suffirent à m'exaspérer en pleine victoire.

La séance levée, seule, assise dans mon fauteuil, le front appuyé sur mes deux mains, je m'étais mise à réfléchir profondément. En vain l'on se pressait autour de moi pour me saluer, me féliciter d'un succès si complet, si imprévu. Je restais l'air boudeur et absorbé.

Bientôt il n'y eut plus dans la salle que les six Initiés supérieurs et Garfield, leur président. Je me levai alors et marchai droit à lui.

Les yeux dans les yeux, je lui dis en grec moderne que je savais inconnu des autres :

— Vous avez voté contre moi.

Il hésita à le nier, me voyant si sûre de mon fait ; puis, en manière d'aveu :

— C'est vrai ; mais c'est en vain, je le sais, que j'essaie de vous sauver de vous-même. Vous passerez. L'Esprit l'a voulu. Que sa volonté soit faite !

— Et la mienne ! ajoutai-je sèchement,

Le mot jaillit de ma bouche comme un défi, et de ma part, d'ores et déjà, c'en était un. Sa perte était jurée dans mon cœur.

Garfield le sentit et murmura :

— Hélas, Clotilde, tu ne comprendras jamais jusqu'à quel point je t'ai aimée !

Je passai devant lui, dédaigneuse, jusqu'à la Salle du Chapitre.

IV

L'INITIATION

Là on m'apprit que je subirais mes épreuves pour l'initiation, non à Paris, mais à Ville-d'Avray, où la Loge avait fait récemment l'acquisition d'un nouveau local spécialement aménagé pour ce genre de cérémonie.

Je montai immédiatement en voiture avec Garfield ; les six autres Initiés nous suivirent.

A peine arrivés nous nous rendîmes à la Salle du Chapitre. On m'y couvrit d'un voile de crêpe. On récita sur moi diverses imprécations et formules funèbres.

Puis l'on me banda les yeux. Quelqu'un me poussa par les épaules, je descendis par un long escalier dans une pièce obscure, où l'on m'ôta mon bandeau.

Ce lieu avait l'air d'un sépulcre. On n'y voyait goutte. A côté de moi, en tâtonnant, je découvris pourtant une sorte de table basse. Je m'aperçus qu'on y avait déposé du pain et de l'eau en assez grande quantité.

Une voix venant d'en haut me dit :

— Vous n'en aurez pas davantage, et d'autres tourments vous sont réservés. Voulez-vous renoncer à l'honneur que vous ambitionnez ?

— Non ! répondis-je :

Et ma voix souleva un écho lugubre.

— Vous mourrez peut-être, reprit la voix de Garfield (c'était lui qui parlait). Votre constitution n'est pas assez forte pour supporter des épreuves qui n'ont pas été faites pour une femme. Vous y succomberez.

— Ce sera donc en te maudissant, lâche, répliquai-je.
— Au revoir, me fut-il répondu.

Je me tus et restai assez longtemps sans rien prendre qu'un peu d'eau pure pour me désaltérer. Enfin, lasse d'esprit et de corps, je finis par m'endormir d'un assez mauvais sommeil.

Mon estomac délabré m'éveilla, je ne sais trop à quelle heure, et je tentai de prendre un peu de nourriture ; le pain était si dur que je dus pour l'entamer le briser contre la muraille. Il y avait bien vingt-quatre heures que je n'avais rien mangé, et ma faiblesse était extrême : je réussis pourtant à mouiller d'eau ce pain sec et à m'alimenter un peu. Puis, révoltée par un traitement aussi barbare, je tâchai de recueillir mes pensées.

je n'étais pas sans avoir entendu parler de ce genre d'épreuve usité dans les Loges. Si sévère qu'il fût, il ne pouvait avoir été calculé au-dessus des forces humaines, et j'étais courageuse. Cette réclusion cesserait sans doute, comme les autres, au moment où je m'y attendrais le moins. Il n'y avait qu'à prendre mon mal en patience.

Sans doute, Garfield, que j'avais provoqué, pouvait songer à se venger : je me croyais sûre de sa passion, et d'ailleurs, sous le contrôle des autres Initiés, il ne pouvait aller jusqu'au meurtre.

A moins que tout, à Paris et là-haut, n'ait été qu'une sinistre comédie : un piège où faire tomber une messagère déjà maîtresse de trop de secrets périlleux pour la Secte et qu'on avait décidé par prudence de réduire au silence pour toujours. Quelle police s'aviserait jamais de rechercher, en banlieue, dans ce cul de basse fosse, la pseudo-comtesse de Coutanceau ou la Clotilde Bersone déjà morte pour tous ?

Un vent de folie soufflait, par rafales, dans mon cerveau anémié. La faim et la soif peu à peu me tenaillaient, remplissaient mon cachot de ces étranges visions délirantes que connaissent bien tous ceux qui ont souffert d'inanition.

Et le pire de ce supplice était pour moi de ne pas même savoir quel en était le terme marqué d'avance, de ne pouvoir mesurer — on m'avait pris ma montre — cet interminable écoulement du temps. Y avait-il un jour plein ou une semaine, une semaine ou un mois, que j'étais enfermée là, désespérée ?

En rassemblant de vagues indices, je m'étais finalement persuadée que ma détention serait de sept jours, et grâce à je ne sais quels calculs, j'estimais à tâtons avoir encore trois jours à passer dans ce tombeau quand le pain me manqua. Je fus un jour et demi sans une goutte d'eau. Dieu sait pourtant si j'avais fini par tout ménager, lorsque je m'aperçus que je n'avais à espérer aucun secours !

Quelles souffrances ! quel abattement ! quelles dernières convulsions de rage et de désespoir ! Je n'avais même plus la consolation de pouvoir parler, pour me distraire du son de ma voix ; dans cette cave, l'écho me faisait peur.

En vain j'appelai à moi, pour tendre le ressort de ma volonté, mes plus violentes pensées de vengeance et de haine : à quoi bon, si j'allais mourir ?

Et finalement, vaincue, à bout de forces dans cette lutte écrasante, je tombai dans l'ombre, le front contre terre, et lâchement j'abdiquai en faveur du Dragon, pour qu'il me vînt en aide, mon dernier reste d'indépendance. Je promis entière servitude de l'esprit et du cœur. Ne pouvant plus douter qu'existât cette force surnaturelle, je me vouai, quelle qu'elle fût, à la servir et à l'adorer.

Aussitôt, soit en réalité, soit dans un cauchemar à demi-conscient, je me sentis soulagée, ranimée, plus forte que jamais. Tout au moins je ne souffrais plus, ni de douleurs physiques ni de mes affres morales, à peine humiliée de n'avoir pas dû à moi seule ce sursaut d'énergie qui me sauvait l'honneur.

Et à la fin, j'entendis, du fond de cet enfer, grincer une porte lointaine. Je me levai de terre où je gisais depuis des heures. Mon corps endolori s'affaissa. Par un effort surhumain, je me redressai encore. Je réparai comme je pus le désordre de ma toilette. Je me traînai jusqu'à un escabeau, m'accoudai d'un bras, comprimant de l'autre main mon cœur défaillant. Enfin une seconde, puis une troisième porte s'ouvrirent, une lumière vint éclairer la sombre retraite qui m'abritait depuis sept jours et sept nuits. Mes yeux se fermèrent, incapables de supporter la lumière. Je finis par reconnaître Garfield et Grévy, alors Second Grand Orient et Président de la République française.

Ils m'offrirent leur bras et me soutinrent de leur mieux, mais en vain. Ils durent presque me porter jusqu'à la salle du Chapitre, où l'on me déposa dans un fauteuil.

— Êtes-vous toujours décidée à être reçue parmi les Initiés ?

— Oui, Messieurs, répondis-je résolument. Vous avez affaibli mes forces, et vous pouvez achever de briser mon corps... Je serai quand même Initiée, puisque j'ai obtenu les votes du Grand Conseil et les vôtres. Je le serai, puisque vous me l'avez offert. Je le serai enfin, parce que telle est la volonté de l'Esprit et que cela est écrit dans le Livre sacré. Et alors, ayant reconnu le Dragon pour mon maître, je n'obéirai plus qu'à lui seul.

Malgré ma faiblesse, j'avais relevé, pour leur faire cette déclaration, ma tête altière ; mes yeux étincelèrent d'un éclat étrange qui les frappa de stupeur, et ils se levèrent tous en me tendant les mains.

Malheureusement l'effort avait été pour moi trop considérable. Je tombai évanouie dans les bras de Garfield accouru pour me soutenir. L'on m'emporta, et quand je revins à moi, je me vis entourée de plusieurs médecins qui se consultaient les uns les autres à mon sujet. Près d'une huitaine je dus garder le lit, en attendant que fût fixée la date de ma réception solennelle.

Nous étions à la fin de novembre 1879.

Garfield ne me quittait presque plus. Les Initiés étaient venus tour à tour me rendre visite, les Grands Dignitaires se succédaient auprès de moi.

On m'avait remis un formulaire de toutes les adjurations nécessaires pour faire parler et agir l'Esprit ; on m'avait donné le mot d'ordre, remis la clef du Temple rond où j'aurais le droit désormais de pénétrer la nuit, et je ne tardai pas à en profiter durant les derniers jours qui me séparaient de la cérémonie.

Je pris même un plaisir coupable, entraînant, à m'entretenir avec le Dragon. Je sentais mes vues s'élever au contact de cet Esprit dévoyé, mais supérieur, et je compris grâce à lui bien des choses que je n'avais jamais encore soupçonnées.

Il me pénétrait en même temps de toutes les erreurs des Sectes : la réincarnation des âmes après la mort, le mystère des sept portes de Platon par lesquelles l'esprit créé doit passer, par une double spirale descendante et remontante, avant de retourner par cycles immenses à son principe. Tous les systèmes maçonniques, avec leurs accointances et leurs apparentes contradictions, n'eurent bientôt plus de secrets pour moi. L'espèce de morale monstrueuse, qui feint dans les Loges d'accorder tout aussi bien à la partie animale du composé humain ses satisfactions naturelles qu'à la raison son aliment spirituel et mystique, me parut alors harmonieuse et légitime. J'appris qu'ayant renoncé pour le Dragon à tous les liens du cœur avec les créatures, Lui seul me posséderait un jour, sans bien comprendre de quelle sorte de possession, ni ce qu'était au sens exact du mot une possédée !

Et je voyais l'Esprit tantôt comme Dragon, tantôt comme homme, mais alors sous un aspect assez bizarre quoique plaisant. L'Hydre parfois aussi me parut avoir sept têtes humaines, ou une seule surmontée de la couronne à sept branches. Elle prit tour à tour la forme d'une femme richement parée et merveilleusement belle, et celle de l'Ange des ténèbres, en l'honneur de sa Nymphe de la Nuit.

Tantôt son langage était avec moi celui d'un amant tendre et passionné, encore que rien de sensuel ne se mêlât à ses propos ; tantôt il parlait en maître de qui la volonté s'impose sans discussion ; tantôt enfin, confondant mon esprit et le sien, je croyais vivre quelques heures de la vie d'une autre âme, intuitive et omnisciente. Même lorsqu'il se rendait mon esclave et me reconnaissait souveraine, sa servitude gardait une noblesse et une grandeur qui m'établissaient au-dessus de toute créature. Plusieurs fois, me serrant dans ses bras, je le sentis m'élever de terre avec lui pour me faire comprendre l'ardeur de son désir d'une union plus parfaite entre nous. D'autres fois, au contraire, une plainte lugubre ou vindicative sortait en grondant de sa poitrine. Et mon orgueil se repaissait de me croire, en lui et par lui, quel que fût son vrai nom, élevée au-dessus du troupeau des Maçons vulgaires qui m'entouraient. J'étais sa préférée entre tous, et je le préférais à tous.

Si l'esprit élevé de Garfield m'avait séduite quelquefois, il me paraissait à présent incolore et creux. Les conversations les plus graves étaient devenues pour moi insipides. La lecture même me pesait. Je négligeais tous les soins de ma personne, pour ne plus penser qu'à cet Esprit fatal et à nos nocturnes entrevues. Loin de sa présence, je souffrais, je l'appelais de tous mes désirs. Dès que j'avais pu l'évoquer à nouveau, j'oubliais tout sur terre. Je l'aimais.

Ma santé elle-même souffrit de cette préoccupation constante, et s'altéra ; je sentais croître au fur et à mesure mes forces intellectuelles, et je finis par dominer cet état mystique, sans y renoncer. Il me redevint facile de suivre une conversation ou la moindre affaire, tout en gardant en pensée la présence de l'Esprit. Mes ravissements faisaient place à la tranquille permanence d'une fausse extase.

Je pus écouter Garfield qui, à l'approche du grand jour, multipliait les instructions qui devaient me permettre d'affronter sans à-coups un cérémonial compliqué. Je me pourvus de tout ce qui concernait l'habillement, les livres et les signes maçonniques. On m'expliqua d'avance tout le symbolisme des rites ; et je préparai moi-même à ces fêtes un supplément qu'aucun de mes Co-Maçons n'avait prévu.

A cet effet, une dernière fois, la veille du vendredi, je pus m'enfermer la nuit en Loge, pour y reprendre avec le Dragon les entretiens si doux que j'avais dû suspendre, à mon grand regret, depuis quelques jours ; et, durant une heure et demie, j'évoquai en vain l'Être insaisissable qui m'échappait ainsi à l'heure où je croyais l'avoir à jamais fixé. Il restait sourd à mes supplications les plus tendres.

Enfin, cédant à mes instances, il m'apparut sous sa forme angélique, toute fluide et éthérée. Un instant il me fixa de son profond regard, et je me sentis clouée sur place, plongée dans une douce extase, où résonnait la voix de l'Esprit. Il m'entretenait du parfait bonheur réservé à ceux qui s'abandonnent à lui sans réserves. Il célébrait le grand honneur qu'il m'avait fait en jetant son dévolu sur moi, son indigne maîtresse, et me laissait deviner la place élevée qu'il me réservait dans la Loge, au dessus du Grand Orient lui-même.

Sur mes instances, il me promit pour le lendemain tout son secours.

Aussi quand ce grand jour du 3 septembre 1879 eut lui enfin, jamais je ne m'étais sentie plus heureuse.

Dès le matin, j'avais quitté la Loge, afin qu'on pût tout préparer pour la cérémonie.

Les Initiés et moi, nous déjeunâmes à l'Hôtel des Princes, où j'arrivai avec Garfield. Celui-ci était sombre, son regard brillait d'un sinistre éclat ; et qui a connu son ordinaire visage, calme et grave, empreint plutôt d'une certaine noblesse, ne saurait imaginer ce que son chagrin, ses appréhensions ou son trouble avaient pu faire de cette physionomie.

Il me remit différents plis cachetés à mon adresse : c'étaient les félicitations et les compliments des Hauts Initiés des Grandes Loges, prévenus de mon admission. Je ne pus me retenir de chercher à la hâte, parmi toutes ces lettres, celle de Bismarck ; elle manquait, et j'eus peine un moment à cacher mon désappointement.

Des voitures nous attendaient pour nous mener au Bois de Boulogne, où nous passâmes tout l'après-midi, jusqu'à six heures du soir. Nous dînâmes au Chalet, où s'échangèrent force toasts des plus chaleureux.

A huit heures, nous rentrions à Paris, et chacun se rendit chez soi. J'y passai pour mon compte le reste de la journée avec Thiénet, seul bon juge, paraît-il, de l'état mystique auquel j'étais parvenue. Lui seul aussi connaissait les symboles et les épreuves de l'Inspirée ; et à la façon dont je voyais l'Esprit, à sa forme et à ses discours, il comprit tout de suite à quel degré d'élévation me destinait en ce jour le Dragon. Il s'en montra enchanté, et je le comblai de gracieusetés, lui fis de la musique, me montrai plus expansive que jamais.

A onze heures du soir, je montai enfin en voiture et à onze heures et demie, j'étais au vestiaire, où une habilleuse vint m'aider à me costumer.

Elle me passa une sorte de chemise de lin, très ample, sans manches, formant robe plissée en bas et légèrement décolletée en haut, puis une étroite tunique de brocard qui me tombait aux chevilles. Un cercle d'or autour de la tête comme au jour de mon affiliation. Sur ma tête, un voile de crêpe noir très épais. Sur mes bras, que je devais tenir étendus, une bande de toile de lin et une cordelière de soie blanche.

Le Grand Maître vint me chercher et m'accompagna à la porte du Chapitre.

Là, Ferry, alors premier ministre grâce à ses campagnes sectaires pour la laïcité de l'école comme ministre de l'Instruction publique dans le cabinet Freycinet, prit le bandeau de lin et me le posa sur les yeux, puis, avec la cordelière, il m'attacha les mains, et, me tenant légèrement par le bras, me conduisit à la Chambre des Sciences occultes.

J'y trouvai réunis les cinq Initiés (à qui on allait m'adjoindre comme sixième membre), plus six Chevaliers d'Asie. Je m'agenouillai sur un tabouret, et, durant une heure, on m'interrogea encore sur la fermeté de mes résolutions, les mobiles qui me faisaient agir, la gravité de ma démarche et les motifs qui un jour ou l'autre pouvaient me la faire regretter.

Je supportai cette épreuve patiemment, mais avec la hâte d'en finir.

Mon dernier mot n'était pas lâché d'ailleurs qu'un formidable coup de maillet faisait résonner la voûte et que commençait l'Ordonnance :

— Sept fois le front à terre, m'ordonna le Grand Orient, et que l'Esprit se manifeste.

Un bruit de tonnerre sourd répondit à cette imprécation ; on eût dit un prodrome de tremblement de terre.

— Sept fois le front à terre, répéta le Grand Orient, et que l'Esprit se manifeste.

Une sorte de frémissement électrique parcourut le corps de tous.

— Sept fois le front à terre, dit encore le Grand Orient.

Et il commença les évocations.

A un moment, il s'écria :

— *Fiat lux !*

Un Initié m'enleva mon bandeau.

Le Grand Orient récita une formule en hébreu, et mes mains furent déliées. Une autre, et quatre Initiés prirent chacun un coin de mon voile de crêpe qu'ils déchirèrent quand Garfield prononça :

— Découvrez le Temple de l'Esprit.

Je vis alors que les déchirures du voile étaient préparées d'avance, afin qu'il se partageât régulièrement en quatre carrés égaux.

Je retournai au vestiaire avec les quatre Initiés qui m'attendirent à la porte. Je quittai ma tunique de brocard et revêtis une robe blanche à grande traîne. Les Initiés me précédèrent à la Loge, et me laissèrent à leur tour à la porte, refermée aussitôt sur eux. Le Grand Maître me tendit le maillet, et je frappai moi-même 7 + 3 + 1 coups ; on ouvrit un verrou. Je frappai une seconde fois selon le rite ; on ouvrit un second verrou. Une troisième fois, et la porte s'ouvrit à deux battants.

De chaque côté, en entrant, j'aperçus, rangés, les six Chevaliers d'Asie, tenant le bouclier d'une main et, les bras étendus, formant deux par deux trois barrières. Tenant toujours mon maillet et les bras levés, suivie du Grand Maître, je rompis cette triple chaîne et traversai presque en courant le Temple rond, gravis les sept degrés de l'Estrade.

Arrivée là, je frappai avec mon maillet le cylindre d'airain, qui soutient un triangle renversé, et l'orchestre commença de jouer une musique entraînante, alternée de versets du Livre sacré chantés alternativement par les deux demi-cercles des membres du Grand Conseil.

Les tentures de la Loge étaient ce jour là de drap d'or. Le chêne symbolique entourait les colonnes. Des festons les reliaient l'une à l'autre. Les galeries, la tribune, l'estrade avaient reçu la même parure. Partout resplendissaient des lustres aux mille couleurs. Suspendu à une triple chaîne dorée, un disque énorme tombait de la voûte, au milieu du Temple, et se balançait étincelant dans le vide. Les membres du Grand Conseil, en grande tenue, étaient couverts de la *cappa magna* et avaient leurs sièges, des deux côtés, entre les colonnes de l'édifice. Les Hauts Initiés étaient assis à la Table hémicyclaire, et du haut de l'Estrade tout avait pris pour moi un aspect à la fois imposant et riant.

Lentement je me dirigeai vers le Monstre aux sept têtes et m'agenouillai devant lui. Garfield accompagné de Thiénet et de Grévy, vint à moi et m'interrogea avec solennité :

— A quelle religion appartenez-vous ?

— A aucune.

— Dans quelle religion êtes-vous née ?

— Dans la religion catholique.

— Renoncez-vous aux croyances de cette religion ?

— Je n'y ai jamais cru.

On me présenta un crucifix assez fragile.

— Brisez-le, si vous croyez ce signe absurde. Je le fis sans hésiter et jetai les débris à terre dans la salle.

On apporta au Grand Orient une cuvette remplie d'eau rougie de sang. Il se prosterna jusqu'à terre, récita plusieurs formules latines qui prétendaient effacer de mon âme le caractère et la souillure du baptême, et ses deux assistants ayant saisi chacun un pan de ma toge, Garfield me versa avec une petite aiguière quelques gouttes de ce liquide sur la tête, en disant :

— Que l'Esprit Suprême qui nous gouverne lave, par son pouvoir infini, la tache imprimée sur ton front et qui t'a faite l'esclave du plus vil Seigneur, Qu'il lave ton front et ta tête, et que son Esprit, se révélant à toi, ouvre ton intelligence aux choses supérieures, soumette ta volonté à son pouvoir absolu et fasse en toi ce qu'aucun de nous ne saurait faire seul, si l'Esprit de l'Être suprême ne l'éclairait. Qu'il te donne la force d'agir selon sa volonté. Qu'il opère par toi de grandes œuvres ! Que par toi, il favorise les desseins du Grand Congrès de la Loge des Illuminés. Qu'il ferme ton cœur et ton esprit à toute autre vue. Qu'il te protège dans le danger et te garde de la ruine. Qu'il soit ton guide, ton soutien, ta force, ta vie. Que tout en toi soit à Lui, jusqu'à ton être même, afin que tu ne vives plus que de sa propre existence.

Garfield me releva à ce moment et me confia à Thiénet qui me reconduisit à la grande Estrade que je gravis rapidement. De là, par une sorte de pas de vis à quinze marches, je montai jusqu'à une étroite plate-forme ou Saint des Saints, à plus de quatre mètres du sol, presque sous la voûte. Le Grand Orient se prosterna à son tour devant le Dragon, se releva ruisselant de sueur et, avec toutes sortes d'instances, supplia encore une fois l'Esprit d'apparaître.

Près d'une heure se passa à cette supplication acharnée, lente, lugubre et cependant poignante comme un mystère antique.

Soudain, je jetai un cri. Saisie, soulevée par une force invisible, j'avais été précipitée dans le vide. Mais l'Esprit me soutenait dans l'espace, tandis qu'à mes oreilles résonnait la voix retrouvée de Celui qui désormais serait mon Bien-Aimé.

Quelle minute extraordinaire !

Une lumière avait envahi tout mon être. Il n'y avait plus pour moi de mystère, ni de loi physique à laquelle je ne pusse échapper. Et je compris que l'homme n'est impuissant ici-bas que parce qu'il veut ne devoir rien qu'à lui-même, alors que l'Esprit seul dispose de tout pouvoir, et que je pourrais tout en lui si je savais, pour lui, me détacher de tout ici-bas !

Cependant, l'Esprit m'avait reposée doucement à terre, me couvrant de ses ailes, de sorte qu'on n'apercevait plus guère que ma tête et un pan flottant de ma robe, et je me trouvai debout, face au mannequin coiffé de la tiare. L'Esprit me fit lui-même découronner ce simulacre, puis, m'armant d'un arc, il m'aida à percer d'une flèche sa poitrine. Me pressant toujours, j'arrivai au mannequin royal, lui enlevai son diadème et en brisai un à un les fleurons, comme faisait Mazzini dans son portrait en pied de la Grande Loge ottomane. Je lui cassai enfin son sceptre sur les épaules et le perçai au cœur d'un poignard.

Comme on voit, j'avais fait de grands progrès à cette école de crime qu'est la Haute Maçonnerie et n'éprouvais plus ni ennui ni répugnance à me plier à ces cérémonies brutales, pas même cette révolte instinctive de la sensibilité si naturelle aux femmes. J'agissais avec une sorte d'inconscience.

Quant à l'assistance, elle était béante de surprise ! D'après le cérémonial, c'est le Grand Maître qui doit accompagner et guider l'Initié à travers ce rituel compliqué : à moi, l'Esprit lui-même avait voulu servir d'initiateur.

Il me présenta encore une large cuvette remplie de sang, m'y fit tremper les mains et m'amena au centre de la Loge où je récitai la formule destinée à sceller l'admission. Puis, me renversant la tête en arrière, il me souffla dans la bouche, et je me sentis comme animée d'un feu vivant qui dévora tout mon être, infusant à mon corps débile une force qui me renouvelait tout entière.

Possédée, hélas ! cette fois j'étais bien littéralement et entièrement possédée par le Maudit !

Il ne me restait plus qu'à me décorer des insignes de mon grade, tandis que je récitais une autre formule parodiant les Livres Saints :

— *Je suis forte en Celui qui me fortifie : je suis à Lui et Lui à moi et ne l'abandonnerai point.*

On m'ôta ma robe blanche qu'on brûla dans un bassin rempli d'un liquide enflammé : car cette robe, à l'imitation des chasubles, portait devant et derrière une double croix dessinée par un galon d'or, pour marquer à quelle religion j'avais appartenu. Je reçus à la place une robe de flanelle blanche faite à la grecque et portant les insignes maçonniques. Puis deux Initiés m'apportèrent, l'un la toge d'Initié, l'autre le Cercle d'or à deux rayons, ainsi que le Soleil d'or qui est l'insigne du grade. Un troisième disposa devant moi une feuille de papier et un grand registre.

Sur le registre, on inscrivit mon nom, mon âge, les principaux services rendus durant mon affiliation, la date de mon initiation. J'apposai ma signature, le Grand Orient y joignit la sienne. Les six Chevaliers d'Asie et les six Initiés signèrent ensuite, et l'on scella du sceau de la Bête. Quant à la feuille de papier, je vis qu'elle était marquée de différents signes maçonniques. On me fit une petite incision à l'index de la main droite, on y appliqua un très petit cachet portant le signe du Dragon ; puis, avec la plume trempée dans mon sang, je repassai un à un les signes tracés sur la feuille en guise de modèle, et je signai de mon nom.

Ces signes veulent dire :

> *Je renonce la Trinité, le Sacrifice de la Croix, la Religion catholique et le Dieu un. Je renie tous les mystères non révélés par l'Esprit, toute œuvre qui n'émane pas de lui. Je me livre à lui tout entière, librement, corps et âme. Je le prie de posséder mon intelligence, ma volonté, ma mémoire comme son exclusif domaine. Je le conjure de vivre et n'agir en moi comme de me faire vivre et agir en lui. En son nom, je méprise, j'exècre et maudis le Christ et l'Église et tous les signes de la foi. — En foi de quoi, etc...*

L'Esprit, qui se tenait derrière moi, se saisit de cette feuille à peine signée et m'en présenta une autre que je devais porter sur moi, en mémorial de mon entière donation, jusqu'à ma mort, — sauf le cas où, par extraordinaire, je devrais m'en défaire temporairement pour ne pas éveiller les soupçons des profanes. Or, d'après les Constitutions, ce cas se pose rarement ; l'Esprit se charge à l'ordinaire de la disparition de ce papier qui, d'ailleurs, pour des yeux non qualifiés, ne constitue guère, sauf la signature qu'un grimoire incompréhensible.

On me fournit en même temps un petit sac de cuir, où plier cette donation et enfermer une hostie consacrée, désormais sacrilègement mêlée à mes pires impiétés.

Cette hostie, à renouveler chaque mois si possible, est préalablement profanée par les Initiés et l'objet d'indescriptibles outrages. C'est ce qu'en terme de Loge on appelle le Dépôt sacré, et la Secte se vante, en réduisant l'Eucharistie à cet état d'abaissement, de prouver l'impuissance du Christ face au pouvoir de l'Autre. En réalité, c'est un hommage au rebours au dogme de la Présence réelle.

Je commençais à sentir la lassitude, quand la cérémonie prit fin. Chacun avait besoin de se restaurer.

Ayant reçu, à la place vacante de l'hémicycle, la toge et les insignes qui convenaient, je descendis avec les autres à la Salle du festin, où nous bûmes bourgeoisement le thé. La fatigue était générale et la conversation languissante.

Tout à coup, une sonnerie électrique retentit. Tirard, ministre perpétuel de l'Agriculture dans les Cabinets républicains, monta à l'étage supérieur et revint porteur d'un superbe bouquet de camélias et d'une lettre à mon adresse.

Elle était de Bismarck.

Le prince, loin de m'oublier, avait su arriver à son heure, hors cadre et sans l'intermédiaire de Garfield. Je vis à nouveau celui-ci blêmir, et ses yeux fulgurèrent. Cependant je n'avais pas même ouvert la lettre qu'il dévorait du regard, et ne paraissais nullement transportée des bijoux royalement disposés parmi les fleurs. Garfield, à cette heure, n'existait plus pour moi qui étais toute à l'Esprit.

Quand j'eus achevé sans hâte de boire ma tasse de thé, j'ouvris enfin la missive du Chancelier. Elle était ainsi conçue :

Mes félicitations. Souvenez-vous de notre ami commun. Il faut agir, dans son propre inféra, sans autre retard. J'y compte, l'Esprit ayant parlé.

Il ne m'était pas difficile de traduire :

« *Souvenez-vous que Garfield est notre ennemi commun, que l'Esprit veut sa perte et que vous avez en mains les moyens d'y parvenir. Il est temps, aujourd'hui même.* »

Je fis une boulette de cet impérieux billet et le jetai dans l'âtre de la cheminée où flamboyait un feu d'hiver. Mes yeux suivirent vaguement l'envol des flammes insouciantes qui dévoraient ce nouvel arrêt de mort, et une sorte de mélancolie, au déclin de cette soirée triomphale, s'empara de mon âme. — Mon destin serait-il donc toujours de semer la colère et le meurtre ?

Mais l'Esprit avait parlé ; j'étais prête.

V

LA DISGRÂCE DE GARFIELD

Trois heures du matin venaient de sonner, et c'était le moment qu'avait fixé l'Esprit pour ma consécration suprême, non plus seulement d'Initiée, mais d'Inspirée.

Tout le monde remonta en Loge, et une sorte de lourde préoccupation pesa sur l'assemblée. Les événements de la nuit en faisaient présager d'autres plus étonnants et plus graves.

Les Hauts Initiés prirent place à la Table hémicyclaire, les autres à leurs places respectives, et laissée seule, je gravis encore une fois l'Estrade. C'était ma dernière et suprême épreuve d'organe désormais reconnu de l'Esprit près de la Grande Loge et de ses Conseils.

Je devais donc, de la tribune, parler, comme inspirée par l'Esprit. Toutes mes paroles religieusement recueillies seraient considérées comme des oracles, et un membre du Grand Congrès, sténographe habile, avait déjà disposé ses crayons.

Qu'allais-je dire ? Je n'avais rien préparé, m'en remettant sur ce point à l'Esprit, et, une fois là-haut, devant tous ces yeux braqués et ces pensées en éveil, j'éprouvai, la durée d'un éclair, un embarras indicible.

Puis ma bouche s'ouvrit, et les paroles affluèrent sur mes lèvres, Je voyais en même temps s'animer les regards des auditeurs. Une admiration étonnée détendait un à un tous leurs traits.

Que disais-je donc ? Je n'en étais nullement inconsciente. Jamais au contraire je n'avais joui d'un cerveau aussi lucide. Pourtant ce n'était pas moi, certes, qui parlais, mais un autre qui parlait en moi. Ce que je disais, il me fallait toute mon intelligence, non pour l'exprimer, mais pour le suivre et pour le comprendre. C'était comme un vaste tableau de questions où je m'entendais à peine, d'intrigues politiques mondiales avec leur unité générale de direction et la multiplicité de leurs aspects, de haines intérieures secrètes, de projets préconisés par l'Esprit et qu'il allait falloir mettre à exécution.

Ce discours dura bien quarante minutes, et tous les sentiments tour à tour se peignirent sur la physionomie des assistants : la joie de voir la Loge retrouver un organe du Haut Pouvoir, et aussi l'épouvante en entendant publiquement étaler les pensées les plus cachées, les égoïsmes et les ambitions personnelles qui s'efforçaient de détourner à leur profit les efforts soi-disant consentis en vue du Grand Œuvre commun. Peu de consciences étaient pures, sans doute, sous ce rapport, dans l'auditoire ! Toutefois je touchai à ce péril intérieur avec tant de persuasion théorique d'une part, et en fait avec tant de discrétion, que force fut bien à tous de se montrer unanimement satisfaits et même enthousiastes.

Quand j'eus fini, je fus la première à me rendre compte qu'à mon tour, au sommet de la Loge, j'étais devenue une Puissance, un peu excentrique, crainte et jalousée peut-être, mais qu'il ne ferait pas bon braver.

Les Sept Grandes Loges d'Illuminés comptaient, non pas seulement une Initiée de plus : une Inspirée, grade que seul l'Esprit peut conférer et gage d'activité nouvelle après lequel elles soupiraient depuis si longtemps.

Deux Initiés, qui m'attendaient au pied de la tribune, me reconduisirent face à la Table hémicyclaire, avec toutes sortes d'égards. Là, je me tournai vers le Grand Orient, puis vers les autres Hauts Initiés et vers les Chevaliers d'Asie, en leur tendant les bras, et ils me répondirent à tour de rôle par le même geste rituel. Pliant le genou devant la table, je déposai mon Cercle d'or, et Garfield m'en remit un autre qui portait, au-dessus des deux rayons, un petit delta diamanté. Deux Initiés me couvrirent de ma toge, tandis que Thiénet m'attachait définitivement à l'épaule gauche le Soleil d'or. Au bras de Garfield, je pris ma place à la table, et tous, debout, me firent le salut d'Initié, les six Chevaliers d'Asie avec les six autres Dignitaires, puis tout le Grand Congrès.

L'orchestre se reprit à jouer. Un chanteur entonna un hymne soi-disant patriotique, à la mode de 1793, puis Garfield entonna le : *Gloire au Dieu enchaîné*, et l'assistance s'écoula suivant la marche ordinaire des défilés, deux à deux.

Je voulais rester seule en loge durant le banquet ; Garfield s'y opposa. Je descendis la dernière.

Le Festin fut plus animé que le thé. Chacun s'y entretenait librement de questions politiques et ministérielles, de certaines faillites retentissantes qui intriguaient alors l'opinion et qui avaient été provoquées par la Maçonnerie, soit en introduisant dans l'entreprise des affiliés prêts à tout, soit en lui suscitant d'écrasantes concurrences. Ainsi plus tard devaient sombrer l'Union générale, à Lyon, et la Banque de Paris.

Enfin, comme à l'ordinaire, tout dégénéra en orgie et en dépravations indicibles. Des femmes furent introduites. Ces hommes, abrutis par l'alcool, ne se possédaient plus. Garfield lui-même sombra dans cette ignoble frénésie, et ces misérables se pressaient autour de moi comme des chiens. Seulement l'Esprit qui me possédait entendait se réserver sa proie, et, à l'instar du Très Haut, ce singe de Dieu aime à jouer au dieu jaloux. Il m'arracha des mains de ces brutes et les contraignit à me dissimuler encore une fois un spectacle auquel je n'ai jamais pu penser sans indignation et sans dégoût.

A six heures du matin, nous montâmes à la Salle du Chapitre.

Il s'agissait, après avoir imploré le Dragon, de recueillir, avant de nous quitter, les Idées qu'il avait inspirées, au courant du jour, aux uns et aux autres.

C'est une cérémonie coutumière, et dont on imagine assez l'amère ironie après ces scènes de débauche et toute une nuit de pareils « travaux ».

Ces Idées sont recueillies par le Grand Orient, qui, après avoir jeté un regard sur le billet de chacun, en inscrit le résumé sur une table d'ardoise, d'où chacun le transcrit sur son calepin pour y songer à loisir sans en conférer avec personne. Il s'agit surtout, dans ces Idées, d'un projet maçonnique à mûrir ou à exécuter, et chaque Initié doit en émettre une au moins par an, soit le Vendredi Saint, soit le 29 juillet, anniversaire de la nomination du premier Grand Orient. Les Idées admises, après plusieurs semaines, par les trois Hauts Initiés qu'on appelle les Éclairés, sont inscrites au grand cartulaire de la Salle du Chapitre, et si elles doivent être exécutées d'urgence, demeurent consignées bien en évidence sur une énorme ardoise qui reste en permanence sur un pupitre dans la Grande Loge.

Il y a des Idées émises qui n'auront peut-être de suite que dans dix, quinze ou vingt ans, et plusieurs sont restées célèbres dans les annales des Loges. Ainsi, l'exclusion prononcée contre les prétendants au trône, comme candidats à la présidence de la République française, fut une idée émise par Bismarck. Le Royer émit un jour l'Idée non encore réalisée de la suppression du Sénat. Le service militaire obligatoire pour le clergé fut une Idée émise par Grévy. L'expulsion hors de Rome du Pape et du Collège des Cardinaux est une Idée émise un peu plus tard par de Lanessan. Chacun attendait donc avec curiosité quelle Idée j'allais émettre à mon tour.

J'y réfléchissais moi-même avec distraction, car les dernières heures m'avaient surtout portée à en finir, cette nuit même, avec le misérable Garfield qui n'avait pas craint de se souiller sous mes yeux des plus sales abominations : et, au moment où j'y pensais le moins, mon crayon tourna entre mes doigts sur la feuille disposée devant moi.

J'avais écrit ces quelques seuls mots énigmatiques :

— *Mort à l'ennemi de la Grande Loge des Illuminés !*

Qu'est-ce que cela pouvait signifier ? Les Initiés interdits se regardèrent les uns les autres. Garfield frémit. Et tout de suite je demandai à me retirer, lui ayant placé en pleine chair ce harpon aigu et empoisonné dont il ne se délivrerait plus.

Mais à peine venais-je de me débarrasser au vestiaire de ma toge et de ma tunique et avais-je remis ma robe de ville, que la porte s'ouvrit avec violence. Garfield entra pâle et défait, bouleversé par le chagrin plus encore que par la crainte. Il me prit les deux mains qu'il baisa, en cherchant à lire dans mes yeux. Je chancelai sous son regard magnétique ; lui-même n'arrivait pas à articuler une parole. Enfin, avec un cri rauque :

— Traîtresse, me dit-il, pourquoi as-tu conjuré ma perte ? Qui t'a demandé ma vie ? Que te rapportera ma mort ?

J'avais repris tout mon sang-froid et m'étais arrachée à son étreinte. Froide, impassible, je lui répondis :

— Êtes-vous fou ? Je n'ai pas plus conjuré votre mort que vous n'êtes certainement l' « ennemi » dont veut se débarrasser l'Esprit.

Il s'élançait furieux contre moi : soudain un rire strident éclata dans la pièce, le rire de la Bête, célébrant notre commune vengeance. Le Dragon était là en Ange des ténèbres, entourant et protégeant son Élue. Prompt comme la foudre, il tomba sur Garfield et le piétina à terre, écumant, durant quelques minutes, tandis que moi-même, irrésistiblement, je l'accablais à mes pieds de tous mes griefs, de tout mon haineux mépris. Il s'enfuit atterré sous les coups.

Une autre pensée tourmentait pourtant mon esprit.

Si l'Esprit traitait ainsi ses plus hauts favoris dès qu'ils avaient cessé de plaire, quel serait donc mon sort un jour ? Quelques minutes je roulai cette pensée dans mon esprit, sans que la Bête s'en avisât. Elle ne lisait donc pas dans la pensée, même chez les créatures qu'elle possédait ! Aussi, dès que Garfield fut hors de portée, me hâtai-je de poser la question :

— Qu'a-t-il fait ?
— Il a agi contre moi et sans moi... Je ne l'avais pas choisi pour servir ici sa politique ou celle de Washington. Il a travaillé pour lui d'abord, non pour moi. Je me venge...
— Pourquoi par moi ?
— Parce qu'ainsi ma vengeance est plus cruelle, et aussi parce que tu l'as voulu. Mon union, même avec le plus haut des Initiés, n'est que partielle, tandis que la femme, m'étant plus intimement unie, me domine moi-même et dispose d'une partie de mon pouvoir... Je suis le Maître, mais tu es reine, et notre union est entière... Ne crains rien. Tant que tu me seras fidèle, je le serai plus que toi ; mais le jour où trahissant tes serments, tu livrerais mon secret à l'Ennemi, malheur à toi. Ce jour marquera pour toi et pour ceux qui me persécutent une ère nouvelle de malheurs. Je t'ôterai tout pouvoir sur les hommes. Tu deviendras pour eux un sujet de haine et de contradiction. Je te marquerai au front du sceau de l'infamie. Ton nom sera honni même par les tiens. Une malédiction te suivra partout et à toute heure. Tous tes projets échoueront. Et si loin que tu portes tes pas, je saurai te retrouver et te suivrai comme ton ombre. Je paralyserai ton intelligence, je

rendrai sans force ta volonté. Le souvenir du passé empoisonnera tes jours et tes nuits. Tu n'auras enfin ni trêve ni relâche que tu ne reviennes à moi, là où mon Esprit t'attend... Cette heure d'épreuves t'apparaîtra alors comme la marque la plus sûre de mon attachement pour toi. C'est ma colère et ma vengeance qui te révéleront tout mon amour, car nos vrais vertus naturelles, à tous deux, sont la haine et l'esprit de revanche... Il ne tient d'ailleurs qu'à toi de t'éviter cette heure d'effroi. Attache-toi à moi. Ton esprit est exempt de préjugés, et je t'ai pardonné même tes résistances à croire en ma puissance, mes saintes n'ayant pas plus besoin de foi que d'espérance et surtout d'amour. Il suffit qu'elles haïssent comme moi, avec moi et en moi. Hais, et tu n'auras pas d'ami plus sûr, d'amant plus sincère, d'époux qu'une créature ait pu rêver plus tendre dans une heure de délice.

Il se pencha sur moi, ses ailes me couvrirent, son regard se riva sur mes yeux. J'étais pénétrée de ses effluves de lumière. Une étrange volupté, non sensuelle, mais spirituellement enivrante, me pénétrait toute. Et la voix parlait toujours :

— Va ! Suis le chemin que je te trace. Malgré l'attrait qui te retient ici, n'hésite jamais à partir au loin, pour longtemps s'il le faut, exécuter mes ordres. Mon Esprit, lié au tien par une indissoluble chaîne, ne saurait te quitter, et rien ne saurait m'arracher à toi si tu n'y consens... Va, mon amie.

Je ne pouvais mettre fin à ces adieux ; il fallut pour m'y décider que l'Esprit, abandonnant sa forme angélique, reprît d'abord son aspect de Dragon, puis disparût.

Il était neuf heures passées du matin quand je rentrai chez moi. Garfield n'y était pas ; mais je me doutai bien que je n'en avais pas fini avec lui. Il n'était pas homme à succomber, comme le misérable Daniel, à une première disgrâce, et, ayant médité cette première et rude leçon, nul doute qu'il ne cherchât à regagner ma faveur et celle de l'Esprit.

VI

CONJURATION

J'habitais alors un coquet pavillon, tout entier aménagé pour moi.

Le soir même de ma dernière, entrevue avec le comte Daniel F***, j'avais quitté, en effet, l'appartement qu'il m'avait loué et m'étais installée, avec mes malles, à l'Hôtel des Princes. Dans la semaine, Garfield m'avait fait meubler, rue de Dunkerque, une sorte de petit hôtel.

Je me demandais donc, en revenant de la Loge, ce matin-là, s'il ne m'allait pas falloir quitter ce nouvel abri, pour vivre je ne sais où, à mes frais ; et précisément ma surprise fut grande, à mon arrivée, en constatant que tout était déjà bouleversé chez moi. Les domestiques, en un tour de main, avaient été changés. Des tapissiers achevaient de poser de nouvelles tentures. Des meubles magnifiques étaient mis en place. Toute la matinée, tailleurs, lingères, fleuristes se succédèrent à la maison.

Pour qui tous ces changements ? Je fus vite rassurée en apprenant que c'était seulement l'Initiée, comtesse de Coutanceau, qui succédai définitivement à l'Affiliée Clotilde Bersone.

En même temps, un billet de Garfield m'avertissait d'avoir à paraître aussitôt dans plusieurs salons du Faubourg Saint-Germain, où j'étais assurée de recevoir le meilleur accueil.

J'obéis : rien ne m'étonnait plus.

Dès le lendemain, je donnai en personne mes ordres avec assurance. Je me défis même des bijoux qui avaient cessé de me plaire, comme moins riches ou trop voyants, de mes robes excentriques et des meubles de moins bon goût qui m'embarrassaient, en faveur d'une

Sœur maçonne qui avait eu des revers de fortune. Désormais promue au rang de dame de la bonne société, rien ne devait, en moi ni autour de moi, rappeler l'aventurière.

Je courus, pour remplacer ce qui me manquait à la suite de ce changement à vue, chez tous les fournisseurs ; et bientôt la note pour tous frais — habillements, mobilier, tentures, chevaux, — monta à 26.000 francs.

Je craignais d'avoir exagéré la dépense ; mais les Initiés la trouvèrent fort modeste. Ils s'étaient attendus à bien davantage.

A notre première entrevue, on s'en souvient, le Dragon m'avait jeté de l'or ; la Loge l'avait ramassé, et il y en avait pour 30.000 francs.

L'on décida alors que j'ouvrirais chez moi un Salon scientifique, qui, aux heures avancées de la nuit, pourrait se transformer en salle de jeu. Double amorce, grâce à laquelle on s'efforcerait d'attirer dans mes filets l'élite du monde savant et des meilleures familles de France. Car on connaît l'incurable légèreté d'une partie des habitués de ces réunions mondaines : brillants papillons qui se précipitent vers tout ce qui brille et se brûlent les ailes à toutes les flammes.

Rien n'est plus commode, pour surprendre le secret des familles, les nœuds d'une intrigue parlementaire, les tendances politiques et religieuses des milieux mondains, que l'intimité des conversations féminines et des relations de jeu.

Ainsi ont été déjoués cent fois les plans les mieux ourdis de la réaction ; ainsi ont été dévoilés les premiers sentiments suspects des traîtres qu'il fallait à tout prix démasquer. Tel Adepte a fini sur la lugubre table d'embaumement de l'Amphithéâtre, qui s'était livré, sans y songer, entre deux sourires, en bavardant de lieux communs avec une maîtresse de maison frivole et gracieuse, au-dessus de tout soupçon. Et nulle n'avait montré, jusqu'ici, plus d'aptitudes que moi à jouer ce rôle d'espionne de haut vol au service des Loges !

Seulement, avant de me lancer tout à fait, je demandai à recevoir la dernière consécration susceptible de m'assurer le plus grand nombre de complicités dont j'avais besoin, et l'on fixa au premier vendredi après mon Initiation la séance extraordinaire où je devais être officiellement présentée à tous les Adeptes et Affiliés, non comme Inspirée bien entendu, mais comme Dignitaire : car chaque grade, dans la Haute Maçonnerie, ignore l'existence et le fonctionnement exact du degré supérieur. Et c'est pourquoi moi-même, au cours de ce récit, j'ai dû employer parfois un langage assez obscur et embrouillé, n'ayant pu démêler qu'à la fin, une fois arrivée au sommet, la distribution exacte de toute cette hiérarchie satanique.

※

En réalité, il y a, parmi les Illuminés de chaque Grande Loge, neuf Chœurs ou Girons, divisés en trois grades.

1° Les Adeptes, divisés en quatre Girons selon leurs aptitudes, ne connaissent en réalité aucun secret, si ce n'est une espèce de formulaire énigmatique dont ils ne saisissent pas même le sens. — Ahmed Pacha avait eu la galanterie de me faire sauter d'un bond par dessus ce degré, sans épreuves et sans stage. C'est donc celui que je connais le moins par expérience.

Le silence n'est guère imposé à ces premières recrues que sur leur adhésion à la Loge, sur l'adresse du local et sur les séances qui s'y tiennent, ce sous les peines les plus sévères. A leurs yeux, ce qui prend le plus d'importance, ce sont les mots de passe et les signes maçonniques de reconnaissance, uniquement destinés à éviter l'intrusion de profanes dans la Loge. Leur cotisation obligatoire est de 400 francs par an pour commencer, augmentée de 100 francs à chaque promotion dans un nouveau Giron.

2° Le cinquième Giron comprend les Novices, ou candidats proposés à l'Affiliation par les Dignitaires, après sérieuse étude de leur caractère et de leurs dispositions. C'est ce degré amphibie dont je fus censée pourvue à mon arrivée.

Le sixième Giron est celui des Affiliés simples, et le septième celui des Affiliés supérieurs qui comprend toutes les charges de peu d'importance.

3° Au huitième Giron appartiennent tous les Initiés et Dignitaires, à commencer par le second Grand Orient, l'Exécuteur des Hautes Œuvres, les Juges des Causes ordinaires, le Grand Maître, le Chancelier, le Secrétaire et tous les membres du Grand Conseil.

Dans le neuvième Giron enfin, sont compris le Grand Orient et les Initiés supérieurs. Parmi eux, il y a toujours trois Éclairés, auxquels sont remises toutes les Idées émises dont aucune ne doit être prise en considération sans leur triple consentement, — et l'Inspirée, quand il plaît au Dragon d'en élire une.

Enfin, à l'ensemble des neuf Girons, tout nouvel Initié doit être présenté en cérémonie, mais seulement à titre d'Affilié monté en charge ; et le second Grand Orient prend à cette cérémonie la place du premier, afin que la personnalité souveraine échappe à la plupart des assistants. Les six autres Initiés supérieurs sont à leur place à la Table hémicylaire.

Le jour dit, ma place se trouva donc vide à la Loge Carrée ; ma toge seulement y était jetée.

Tous les Adeptes portaient le tablier symbolique ; les Affiliés, le tablier et la toge. Garfield occupait une petite loge de la galerie du fond, comme le plus simple Affilié du sixième Giron, et la séance commença par un peu de musique : succession d'hymnes pseudo-religieux et pseudo-patriotiques, de chants impies excitant l'homme à la révolte contre Dieu. Musique harmonieuse, grandiose et solennelle parfois ! Elle porte à une sorte d'ivresse guerrière. Tous les regards s'animent ; l'on voit s'y allumer toutes les passions. La haine et la volupté coulent à pleins flots ; et grâce à l'Esprit, je discernais le jeu des sentiments secrets et des vaines espérances que remuait et brassait cet art sensuel et puissant.

Il y avait, ce soir-là, plus de trois cents personnes en Loge : car il n'est pas permis de se dispenser d'assister à ses séances sans un motif approuvé par les trois Éclairés. Le concert dura plus d'une heure

Le Second Grand Orient se leva ensuite, annonça le motif de la réunion, parla de mon élection votée par le Grand Conseil et me présenta comme Dignitaire.

Avant d'être installée, je devais pourtant renouveler mon abjuration publique, et ce fut long. Je renonçai premièrement au dogme de l'unicité du Principe créateur, puis à tous les dogmes principaux de l'Église. J'abjurai les sacrements. Je subis pour la seconde fois une sorte de parodie du baptême. Enfin, on me revêtit de ma toge, et je pus m'asseoir à la Table hémicyclaire.

Sept Affiliés se succédèrent à la tribune, louant l'Esprit de m'avoir élevée à un si haut grade. Ils furent aussi vides, ennuyeux et flagorneurs les uns que les autres. Mon tour vint ensuite, et je m'efforçai d'attraper le style et l'insignifiance des préopinants : il ne s'agissait pas ici d'étaler mes dons occultes.

Je remerciai l'Assemblée de son gracieux accueil et le Grand Conseil de son vote en ma faveur. Je promis de tout faire dans l'intérêt de tous et de chacun, et je terminai par la vibrante péroraison protocolaire contre les ennemis du Peuple, parmi lesquels l'Église, les Rois, tous les fauteurs de l'asservissement général de esprits et des cœurs.

Ce speech fut accueilli par une ovation bruyante. Je descendis souriante de l'estrade, et, lentement au bras du Second Grand Orient, je quittai la vaste salle, suivie de la foule évacuée des galeries, qui s'écoula.

Dès que les quatre premiers Girons furent sortis, les portes de la Loge se refermèrent, et l'on découvrit la table d'ardoise où devait être inscrite en cérémonie par le Grand Orient la dernière Idée émise qui avait paru la plus pratique au jugement des Éclairés et que chacun devait prendre en note. Et il y eut soudain un frémissement dans la salle. Chacun pouvait voir y s'écrire en gros caractères, devant Garfield épouvanté et de la main même de l'invisible Esprit :

— *Mort à l'ennemi de la Loge !*

Et chacun de chercher, semblait-il, autour de lui, quel pouvait être cet ennemi à découvrir et à frapper.

Certes, ce n'était ni le lieu ni l'heure de pousser plus loin cette querelle intestine, et on descendit à la Salle du festin pour un banquet fraternel.

Il s'agit, en l'occurrence, d'un repas sans intérêt ni figure, à l'image des niaises et idylliques peintures que les Initiés se plaisent à faire aux profanes. On s'y entretient surtout de politique électorale, un peu de beaux-arts, beaucoup de bohême galante.

Vers quatre heures du matin, tout était fini, et jamais nuit ne m'avait paru si ennuyeuse et si vide. Mais il fallait qu'on m'eût vue et que quelques adeptes bien placés m'aidassent à remplir bientôt mon fameux Salon scientifique.

Garfield m'accompagna jusque chez moi, quêtant un compliment pour ses dernières générosités et une réconciliation. Il me suivait comme mon ombre depuis la nuit de mon Initiation solennelle, avide d'un mot de pardon.

J'étais trop lasse pour entrer, à ce moment, en explication avec lui, et je remis tout entretien sérieux au lendemain.

Le lendemain, il se présenta sans se rebuter, me tint une longue conférence cérémonieuse sur mes nouveaux devoirs et proposa de me présenter à diverses familles de sa connaissance dont j'entreprendrais l'étude pour le Grand Conseil. Son plan était de se rendre à nouveau, par là, utile et agréable, voire indispensable. L'ouverture de mon Salon était fixée au premier jeudi de janvier 1880, et il fallait y travailler au plus tôt, en vue des élections législatives de 1881 dont notre Loge attendait grand profit. Or, je n'avais encore entamé aucun préparatif sérieux, et j'étais la moins entendue qui fût aux débats savants.

Mais décidément cet homme m'excédait.

Notre entretien était donc près de finir par un nouvel éclat, lorsqu'on me remit, pour comble, une lettre du prince de Bismarck.

Le Chancelier désirait me voir et me donnait rendez-vous à Berlin, attendu qu'il ne pouvait absolument quitter l'Allemagne en ce moment sans autorisation de l'Empereur qui devait tout ignorer, cette fois, de l'entrevue.

La missive me remplit de joie. Elle secouait la torpeur où je commençais de m'engourdir, après tant de vaines cérémonies pour la parade. Toutefois il me fallait obtenir du Chapitre la permission de partir, c'est-à-dire l'autorisation de remettre à une date ultérieure l'ouverture de mon Salon, et être exemptée de l'assistance à deux séances au moins du vendredi. Comment faire ? Les Initiés tenaient beaucoup à ma présence désormais et avaient combiné toute mon installation nouvelle en vue de me garder le plus possible à leur portée.

Quant à Garfield, il fallait compter sur son opposition.

Je pensai gagner sous main les Initiés à ma cause, et je les invitai à dîner un jour où je savais que, par hasard, Garfield serait retenu ailleurs.

Là, je leur laissai entrevoir mon grand désir de m'absenter durant quinze jours ou trois semaines. Ils en parurent contrariés, et Dieu sait ce qu'ils présumèrent ; mais ils ne pouvaient raisonnablement refuser de m'aider, par galanterie, à motiver devant le Conseil cette petite faveur.

Le président Grévy céda le premier ; il n'avait guère alors de volonté propre. Deux autres suivirent. Restaient à gagner Ferry, devenu président du Conseil, Tirard et Thiénet. Hardiment je leur laissai entrevoir une vague intrigue d'amour que je voulais cacher à Garfield. Cette idée les amusa, et ils n'hésitèrent plus à m'aider, puisqu'il ne s'agissait que de jouer ce tour, maçonniquement plus qu'innocent, à leur collègue : Ferry se chargea même d'arranger toute l'affaire.

Il rappela soudain à Tirard que les affaires de Serbie intriguaient de plus en plus en ce moment le Cabinet, qu'il serait bon de se rendre aux désirs du vieil Ahmed Pacha, actuellement en difficulté avec la réaction turque et qui demandait que Paris surveillât de près, à sa place, cette affaire susceptible de mettre le feu à l'Europe. En conséquence, il convenait d'y aller voir.

— Nous partirons demain, dit-il. Je vais de ce pas au Ministère, et si Thiénet le veut, il sera de la partie.

Thiénet y consentit, et ainsi se mènent parfois les plus graves affaires de ce monde. Un caprice de femme, et voilà toutes les chancelleries sens dessus dessous !

Par le fait même de l'absence de trois Initiés, toute séance de la Loge devenait par ailleurs impossible durant trois semaines. L'on en profiterait pour convoquer une fois ou deux les seuls Adeptes, et le Second Grand Orient se chargerait d'y veiller. Je pouvais donc partir sur-le-champ.

Nous nous quittâmes sur cette décision, vers onze heures, enchantés les uns des autres, et à une heure après minuit, à la gare du Nord, je m'embarquais, laissant à Garfield ce billet laconique :

L'amour m'aveugle. Il faut que jeunesse se passe, et l'Italie est un si beau séjour ! Au revoir, dans un mois.

C'était un assez joli coup de stylet, et j'en jouis avec délices pendant presque tout le voyage.

A Berlin, je descendis incognito à l'ambassade de France, où je fus accueillie avec amitié ; et, dès que Bismarck apprit mon arrivée, il m'écrivit :

Je ne puis aller à vous, de crainte de donner l'éveil à l'Empereur. Mais l'Ambassade est avertie de mes dispositions à votre égard : ne sortez qu'en voiture, et soyez demain au Veglione du Palais de Cristal. Vous porterez un costume Printemps-et-Automne : adressez-vous pour cela à Madame l'ambassadrice. Et n'oubliez pas de tenir à la main gauche un bouquet de camélias blancs : c'est à ce signe que je vous reconnaîtrai.

Le jeu devenait plaisant.

Au milieu d'un bal masqué, au son d'un orchestre de fête, moi, la fausse Française, décider, en tête à tête avec le Chancelier de fer, sous l'égide de l'ambassade et par conséquent du gouvernement de Paris, la chute d'un Grand Orient américain : mon goût de l'intrigue était comblé.

Madame l'ambassadrice se chargea avec empressement de me costumer, et j'arrivai au bal, un masque de velours noir sur les yeux.

Désireuse d'éviter la loge des Ambassadeurs, j'avais dû me rendre directement dans la salle, et à peine y étais-je entrée qu'un homme de haute taille, portant le costume de Méphisto, me saisit la main et s'emparant galamment de mon bouquet, me murmurait à l'oreille cette présentation comique :

— Comtesse de Coutanceau... Prince de Bismarck.

J'acceptai son bras, et il m'installa dans une loge qu'il avait louée d'avance afin de pouvoir échapper à la curiosité publique. C'est là qu'il m'expliqua tout au long comment m'y prendre pour la réussite de notre entreprise, et qu'il me livra de nouveaux papiers de Garfield, fournis par ses services des Affaires étrangères. Ils étaient en ouverte contradiction avec les résolutions prises à la dernière réunion plénière de la Loge suprême, le 29 juillet dernier.

Il me demanda de ne rien entreprendre de sérieux sans le tenir minutieusement au courant, m'assura qu'il favoriserait, après la chute de Garfield, toute mon action politique et privée, et aurait l'œil, même à Paris, sur les intrigues des partisans du Grand Orient qui chercheraient à me nuire par esprit de vengeance.

Il s'enquit, avec gentillesse, de mes vues particulières, de ma vie à Paris depuis mon dernier voyage. Puis nous nous rendîmes au buffet ; nous soupâmes tous deux, et à deux heures du matin il me ramenait à l'ambassade.

A toutes brides, il retourna alors à la soirée, dans un autre costume, et entra dans la Loge impériale, où Guillaume parut à trois heures du matin.

Vingt-quatre heures après, je reprenais moi-même le train, passais par Dresde, traversais le Rhin, séjournais quatre jours à Genève, un jour à Lausanne, passais par Domodossola et continuais ma route par la Lombardie jusqu'à Venise.

Le troisième jour après mon arrivée dans la ville des Doges, j'écrivis enfin un mot à Garfield, afin qu'il ne pût douter de ma fugue en Italie, et trois semaines n'étaient pas écoulées depuis mon départ que j'étais de retour à Paris.

Or, un soir, vers cinq heures de l'après-midi, tandis que je m'occupais à ranger quelques papiers, l'Esprit m'apparut tout à coup sans que je l'eusse évoqué et me jeta ce simple mot :

— Trahison !

Je ne compris pas tout d'abord ; mais je me sentis poussée à m'approcher de la fenêtre, et j'aperçus de là un émissaire de la Loge qui surveillait ma porte.

Une pensée fulgurante traversa mon cerveau : — Garfield a cru que je détenais ici les papiers du prince de Bismarck !...

J'hésitai et jetai un nouveau regard dans la rue. Voici au loin la voiture de Garfield qui accourt. Bien vite je brûle les quelques feuilles compromettantes que j'avais eu l'imprudence de garder chez moi. Ce n'est bientôt plus qu'un petit tas de cendre, que je noie par précaution dans une cuvette et jette à l'évier. Il était temps.

A peine arrivais-je à mon salon et, assise devant un petit guéridon, m'étais-je assurée de la présence dans un tiroir d'un petit revolver de poche, que Garfield se faisait annoncer et entrait d'un pas brutal.

Je lui souris d'un air agréable, sans me lever ; il n'approcha même pas.

— Madame, me dit-il d'un ton fiévreux, donnez-moi vos clefs.

Je feignis la dignité blessée :

— Suis-je chez moi, Monsieur, ou suis-je votre esclave ?

Et je lui montrai la porte du doigt.

Fou de colère, il bondit sur moi. J'avais saisi mon revolver. Sans viser, je pressai la détente, et une balle alla briser la grande glace au-dessus de la cheminée. Tout mon personnel accourut au bruit :

— Ce n'est rien, expliquai-je en souriant. Une maladresse !... En examinant ce joujou, un coup est parti par mégarde.

Mais je gardai l'arme au poing pour demander compte à Garfield de ses odieuses manières. Son courroux ne s'apaisait pas :

— Vous me refusez décidément vos clefs ?... C'est bien... Je sais ce que cela signifie. C'est afin de me cacher les papiers de Bismarck que vous êtes allée chercher à Berlin pour me perdre...

— Je ne sais si Bismarck est votre ennemi, Monsieur ; ce que je sais, c'est qu'il est gentilhomme. Si vous avez à débattre quelque chose ensemble, allez le trouver ; il ne se refusera pas à vous rencontrer sur le terrain. Ou bien c'est que l'honneur n'est qu'un mot pour vous, et c'est vous qui n'êtes qu'un lâche, Monsieur.

— Ma vie ne m'appartient pas. Elle est à mon peuple.

— Voilà de ces grands mots qui n'ont jamais fait les grands hommes... Revenons à notre sujet. Je ne veux pas être importunée davantage. Vous prétendez que je cache je ne sais quels papiers. Eh bien ! Monsieur, voici mes clefs. Fouillez partout, détrousseur de femmes ; je préfère cet affront à l'ennui de supporter plus longtemps votre présence.

Il prit mes clés et examina en frémissant tous mes tiroirs. Rien, il ne trouvait rien. De guerre lasse, il revint à moi, toujours grondant. Je m'étais assise et feignais de lire tranquillement une revue musicale :

— Qu'êtes-vous donc allée faire à Berlin ? Je ne jugeai pas à propos de dissimuler plus longtemps :

— Et pourquoi, lui dis-je, voulez-vous qu'un Allemand me semble, aujourd'hui surtout, moins galant homme qu'un Yankee. Si Bismarck est votre ennemi, est-ce une raison pour qu'il soit le mien ?

Un frisson le secoua de la tête aux pieds :

— Et votre bureau-secrétaire à la Loge, m'en confieriez-vous aussi la clé ? insista-t-il.

— Mais oui. Plus volontiers même que les autres : au moins cela me vaudra d'être débarrassée de vous, Monsieur... Et surtout ne vous dérangez pas pour me rapporter le trousseau. Je le reprendrai vendredi, à notre prochaine séance... Adieu, Monsieur.

Il partit, furieux, honteux, déçu. Trois jours durant, je restai hors de chez moi pour esquiver une nouvelle visite et m'enfermai dans un appartement de l'Hôtel des Princes, où je réunis un soir à dîner une dizaine d'Initiés de toutes opinions.

Il y avait là Léon Say, Ferry, Grévy, Tirard, de Lanessan, Thiénet, Le Royer, de C..., Paul Bert, et je crois aussi Clemenceau.

Je mis sous leurs yeux toutes les pièces qui établissaient la trahison du Grand Orient, et leur annonçai que j'avais reçu de l'Esprit mission de perdre Garfield. Atterrés, ils durent se rendre à l'évidence. Mais que faire ? Jusqu'à présent le cas ne s'était jamais posé. Jamais Initié n'avait encore osé se révolter ouvertement contre l'Esprit, sachant trop sa puissance. Comment juger un Grand Orient, et surtout faire disparaître un Garfield ? Il était trop universellement connu.

Malgré son apparent incognito en Europe, le monde entier avait les yeux rivés sur lui, à la veille de l'élection présidentielle qui peut-être allait le porter à la première magistrature des États-Unis.

Aucun précédent ne pouvait donc nous éclairer sur la décision à prendre.

Quelques-uns d'entre les hauts Initiés des Sept Loges, comme Abel Schmidt en Orient, avaient bien tenté de contrecarrer sourdement, paraît-il, l'Esprit dans ses desseins et, arrivés au pouvoir suprême, avaient voulu s'attribuer par surcroît des droits que l'Esprit se réserve à lui seul. Ils en avaient été punis sans jugement par le Dragon en personne, qui terrassa d'un seul coup ces têtes altières ; mais pour Garfield, c'est à nous que l'Esprit laissait la redoutable mission de le punir.

Nous décidâmes que notre premier soin devait être de l'éloigner de Paris, de façon que sa mort ne pût être imputée à la Loge, et pour cela, il n'y avait qu'un moyen : pousser sa candidature là-bas, afin que son élection le contraignît de résider à Washington, sans espoir de présider de longtemps la Loge où l'on pourrait, sous son successeur, combiner plus à l'aise son châtiment. Et de là datent tant de manœuvres qui devaient grandir sa popularité au delà de l'Atlantique et lui assurer tant de suffrages. Au Sénat, à la Chambre, on entendit tour à tour Gambetta, Ferry, de Lanessan le célébrer à perte d'haleine ; la presse en fit un véritable géant politique, arbitre des destinées du monde. Une sorte d'engouement panique se déchaîna pour lui, en quelques mois, grâce au mot d'ordre répandu par la Maçonnerie, sous le manteau, dans tous les milieux. Il fut le grand homme et l'homme du jour, l'un de ceux que la renommée aux cent bouches impose soudain à l'attention des foules, sans qu'on sache la plupart du temps comment ni pourquoi. Bref, il fut élu président de l'Union à une imposante majorité, et l'univers attendit merveille de son règne.

Seulement, il ne devait entrer à la Maison-Blanche, d'après la Constitution américaine, que l'année suivante 1881, et les Constitutions de la Loge exigent que tout traître soit le plus tôt possible dégradé et exécuté. Or, il restait, durant ces douze mois, notre Chef suprême et pouvait demander à le rester en s'adjoignant un lieutenant, vu la nécessité de résider au loin. Le prier de se désister ou lui refuser cet honorariat, c'était l'avertir et le mettre sur ses gardes.

Quelques-uns s'avisèrent alors d'un stratagème. Il n'y avait pas encore en ce temps-là de Hauts Initiés en Amérique, et souvent des Orateurs s'étaient étonnés à la tribune de ce que ce jeune peuple, si nombreux et si riche, si livré aux Ateliers des bas degrés, n'eût pas encore sa Grande Loge d'Illuminés. Garfield lui-même reconnaissait la nécessité de fonder au plus tôt cette Loge transatlantique, regrettant qu'il n'y eût personne à Paris parmi les consituants du Chapitre ou les Grands Dignitaires qui fût susceptible d'assumer la fondation.

— Eh mais ? Il y a Garfield !

Un Allemand était Grand Orient de la Grande Loge de Berlin ; un Turc Grand Orient de la Grande Loge ottomane. Comment un Américain, et pour comble le Chef élu de l'État américain pouvait-il être et demeurer Grand Orient de la Grande Loge des Illuminés de Paris ? Cette doctrine de Monroe au rebours avait de quoi fournir un fort argument en faveur de la démission de Garfield, chargé par nous, en compensation, de la mission d'honneur d'aller opérer chez lui.

Seulement il fallait attacher le grelot, et peut-être notre Grand Orient tenait-il précisément à demeurer le maître chez les autres, puisque c'était le motif même de son rejet et de sa condamnation.

La difficulté semblait insoluble, et je dus promettre de recourir à l'Esprit.

VII

« MORT À L'ENNEMI DE LA LOGE »

Cependant, à l'espèce de frénésie avec laquelle j'avais évoqué l'Esprit avant mon Initiation, une étrange répugnance avait succédé. Était-ce lassitude ? De trop faciles faveurs m'avaient-elles déjà blasée ? Mon orgueil commençait-il à se révolter contre la longueur et l'humiliante servilité des formules conjuratoires ? Tout maître m'avait toujours, hélas ! paru insupportable, même dévoué et soumis comme Daniel, ou comme Garfield à ses heures. Était-ce donc, après eux, le tour du Dragon à voir se retourner contre lui mon ingratitude et mes fureurs ?

En tout cas, nos colloques devenaient de plus en plus rares, et, même après avoir promis aux conjurés que je consulterais au plus tôt l'Esprit, je différais de jour en jour et n'arrivais point à m'y résoudre.

Enfin je me décidai à m'enfermer à la Loge, vers sept heures, un jeudi, et j'y restai jusqu'au vendredi soir à onze heures et demie, sans ressentir le besoin d'aucune nourriture. Je bus seulement à diverses reprises un peu d'eau sucrée, et deux ou trois fois je dus changer de linge, tant les efforts que je multipliais en vain m'épuisaient.

L'Esprit se montrait récalcitrant. C'était à son tour de m'en vouloir sans doute et de me bouder. Sous sa forme d'Ange d'une beauté sinistre, il se contenta de m'apparaître, un instant, à longs intervalles ; je n'en arrachai que des phrases obscures ou désenchantées. Jamais je ne lui avais senti autant d'amertume. Il semblait avoir pris en grippe l'humanité tout entière et s'ingéniait à ne me faire découvrir autour de moi que sentiments hideux : ici la passion de l'or, là le délire des plus dégoûtantes voluptés. Ces moyens dont il condescendait à se servir pour dominer les esprits, se retournaient à présent contre lui. Comment, en effet, ces êtres vils, égoïstes, livrés aux pires instinct, se seraient-ils montrés, même à l'égard d'un maître trop complaisant, fidèles, dévoués, oublieux d'eux-mêmes ? La trahison était leur élément et la ruée aux jouissances leur loi, fût-ce en dépit des intérêts de la Loge.

Un flot de haine contre le genre humain tout entier, une nausée de dégoût à l'égard des propres Enfants de Lumière, remplissaient aujourd'hui l'Esprit d'une sorte de découragement universel. Durant plus de vingt-quatre heures, je ne pus obtenir de lui que ces discours pessimistes.

Quant à l'exclusion de Garfield, à peine m'accorda-t-il quelques phrases évasives :

— Sans doute, il est nécessaire d'en venir là... Il le faut... Je le ferai pour toi, pour l'exemple...

Je t'en donnerai les moyens... Je le veux... Il mourra.

Et je crus comprendre que le sujet de sa tristesse n'était pas tant de rejeter un de ses favoris d'hier ; rien ne lui était plus doux, comme à moi, que la vengeance ! C'est que mieux que moi, il voyait et prévoyait l'impossibilité de remplacer celui-ci à la tête de la Loge par quelqu'un de son envergure, qui sût en assurer avec autant de sérieux et de régularité le fonctionnement intérieur et l'influence au dehors. Aucun des autres Initiés de Paris n'avait la taille de cet ambitieux effréné, mais volontaire et méthodique, aux vues synthétiques et aux allures majestueuses. Seul Bismarck pouvait lui être comparé, et Bismarck était tout de même impossible en France. Et puis, si les vues, si les ambitions nationales et personnelles du Chancelier de fer concordaient, pour le moment, avec l'intérêt des Sectes, n'était-il pas capable, lui aussi, au premier désaccord, de trouver que la Loge devait être un instrument entre ses mains et non pas lui l'instrument des Loges. Cette pauvreté en hommes, cette disette de grandes intelligences et de caractères arrêtaient à chaque instant l'action de l'Esprit et bouleversaient ses projets. A la place du grand courant humanitaire et international auquel il poussait la Maçonnerie supérieure, il voyait s'entrechoquer seulement les compétitions de race et de personnalité.

— Je le sais bien, me ressassait-il à mots entrecoupés et souvent presque inintelligibles, je ne puis prétendre à avoir mes Saints contre nature...

C'est un travail de Sisyphe que de remonter sans cesse ces âmes mortes sur ces sommets croulants... Eux aussi veulent être dieux et faire servir mes dons à me détrôner... Mais au moins ceux-là, ces grands orgueilleux, ces magnifiques haïsseurs, ils étaient faits à mon image. Même en les frappant de ma foudre, je reconnais ma marque à leur front. Ce qui m'atterre, c'est de voir monter aujourd'hui à l'assaut de mon empire cette bande de parasites rampants, gluants et flasques... Ah ! toi aussi, Galiléen, tu as tes vengeances !...

J'étais consternée de ces plaintes, dont je commençais de ressentir, sans les bien discerner encore, les tendances malignes et les sinistres aveux ; par malheur, mes préoccupations immédiates m'interdisaient toute autre réflexion.

A dix heures du soir, l'Esprit disparut définitivement, le vendredi, me laissant seule, sans lumière pour la discussion qui allait sans doute s'élever tout à l'heure au Chapitre ; et, pour comble, à onze heures, l'on vint m'appeler. Gambetta m'attendait au salon de réception et voulait me voir seule. Il me tendit un pli. C'était un dernier mot de Bismarck :

Vous parlerez ce soir, sans faute. Merci.

Je ne savais plus que faire ni que devenir. Déjà la Salle du Chapitre était pleine d'Initiés convoqués en vue d'une communication importante, les uns curieux, les autres aigres-doux à cause du dérangement.

Déjà, dans la salle, chacun s'étonnait de mon absence.

Je me décidai tout à coup.

Les trois coups de la sonnerie électrique avertit les Initiés que je désirais seulement que la réunion se tînt en Loge. Montée déjà à l'Estrade, je leur annonçai que mon intention était de prendre la parole. Ils acquiescèrent, un peu surpris.

C'était une sorte d'impulsion intérieure qui m'avait poussée là, mais une fois à la tribune l'inspiration à nouveau s'éteignit, me laissant dans un cruel embarras. Pour gagner du temps, j'imaginai de citer un texte en grec moderne, que Garfield seul entendait, à la manière d'un prédicateur rappelant en latin, pour le commenter, un verset de l'Évangile. Et soudain, comme ressuscitée, j'entendis à nouveau les mots affluer sur mes lèvres, comme l'eau sort en bouillonnant d'une source.

— L'Inspirée ! murmurait l'auditoire ravi et stupéfait, car à l'ordinaire ces manifestations ne vont pas sans préparations minutieuses et longues.

Habilement j'étais entrée dans un exposé général de la situation au point de vue de la défense et de la propagation des idées maçonniques à travers le monde. Puis j'insistai spécialement sur l'Amérique, avec ses Grandes Loges dans chaque Etat et ses trois millions de maçons ordinaires, sans parler des innombrables Sociétés secrètes, que j'énumérai avec une précision et une clarté qui m'étonnait moi-même au passage. Cependant quelle place avions-nous là-bas, comme Illuminés, au milieu de cette multitude d'Adeptes inférieurs et sans guides ? Quel rôle que celui de susciter de ce chaos la plus nombreuse, la plus riche, la plus influente des Loges que nous ayons eues jusqu'ici ! Vraiment cette création serait le couronnement de tous nos efforts, et bientôt le centre principal de notre action.

Au fur et à mesure que je développais ces pensées, les marques d'assentiment se multipliaient de toutes parts, et je conclus par un coup d'audace :

— Un seul homme est capable de réaliser ce plan grandiose. Lui seul a l'autorité, l'expérience, tous les dons susceptibles de lui faire mener à bien ce Grand Œuvre. Vous l'avez déjà tous nommé. C'est Garfield. Garfield, par la volonté de l'Esprit, soyez Grand Orient de la Loge de New-York.

Et comme pour confirmer que c'était bien lui qui m'avait fait parler, l'Esprit me saisit à ce moment comme il avait déjà fait le jour de mon Initiation. Il m'éleva presque jusqu'à la voûte, me lança dans le vide et, m'ayant ressaisie d'un bras puissant, me reposa à terre, toute brisée de mon effort.

Les Initiés m'entouraient, m'approuvaient ;

Garfield lui-même semblait accepter. Il avait redouté le pire, en me voyant prendre la parole ; la solution lui paraissait assez douce, au prix de ce qu'il avait craint. Depuis ses derniers succès aux États-Unis, il ne rêvait plus que de s'y refaire une situation qui le mît à l'abri des menaces qu'il sentait maintenant le viser dans l'ombre. Dans ses yeux, je vis qu'il calculait sa chance de prendre, là-bas, sa revanche, en y créant de toutes pièces une Grande Loge qui ne tarderait pas à défier toute comparaison avec celles du Vieux Monde.

Il regretterait Paris, certes ; et il m'exprima à moi-même ses regrets de nos mésententes, de cette séparation ; il me conjura de lui écrire quelquefois, et je me forçai à le lui promettre de bouche.

Que dirai-je de plus, pour en finir avec cet homme qui avait tenu une si grande place dans ma vie ?

Il ne tarda pas à partir définitivement pour son nouveau poste, et je ne devais plus le revoir.

Au moment fixé, son prédécesseur Hayes lui transmit ses pouvoirs, et l'Amérique se promettait une glorieuse et prospère présidence sous la direction de ce véritable homme de d'État.

La Loge de Paris lui avait envoyé ses félicitations et semblait avoir indéfiniment ajourné ses projets de vengeance. Grévy, qui avait succédé à Garfield comme Grand Orient, était loin de posséder les mêmes qualités et laissait décliner notre Loge sous sa molle et sournoise direction. Les élections de 1881, en France, paraissaient bien avoir marqué l'avènement définitif de la Maçonnerie, mais, grâce à ses éléments inférieurs, aux dépens du personnel et des directions propres de l'Illuminisme, comme je l'expliquerai tout au long en son lieu. Et c'est alors que Garfield eut la malheureuse inspiration de m'écrire d'Amérique une lettre où transperçait une amère satisfaction de notre défaite. Une ironie mordante se dégageait de chaque phrase. Les compliments mêmes étaient à double entente et me blessèrent à vif.

Il me disait qu'en me quittant il avait prévu cette décadence générale, — trop vraie, comme on va voir, — mais qu'ayant voulu ce déboire, je n'avais plus qu'à faire contre fortune bon cœur. Malgré toute l'amitié qu'il me gardait, il ne savait me plaindre d'une leçon aussi méritée.

Suivaient quantité de sarcasmes qui me firent voir rouge.

J'avais gardé un petit médaillon où était enchâssée une miniature de Garfield qui me plaisait beaucoup. Je l'arrachai de mon cou et le piétinai avec rage.

Cependant, il y avait un parti à tirer de cette lettre. Je courus à Ville-d'Avray où Grévy se terrait alors et où je savais trouver les Initiés. Je demandai à parler en particulier au nouveau Grand Orient et lui tendis le message.

Il le lut d'un bout à l'autre, jusqu'aux compliments moqueurs de Garfield sur le choix de son successeur, et je vis la feuille trembler un moment de colère entre ses doigts ; mais c'était un être veule et dissimulé, dont je remets de page en page de faire le portrait, qui à lui seul explique la série de nos déconvenues. Il s'aperçut, en relevant la tête, que je le toisais du haut en bas, sans cacher mon mépris.

De blême, son visage devint livide. Un frémissement le parcourut tout entier : il sentit qu'à son tour il allait être jugé, s'il hésitait à remplir tout son devoir. Lentement il relut la lettre fatale, pesant chaque mot ; puis, me la rendant, il murmura, les yeux dans mes yeux :

— Il est temps d'en finir... Cet homme a trop vécu.

Et quelques mois plus tard, dans la gare de Baltimore, un nommé Charles Guiteau, solliciteur éconduit, prétendirent les journaux pour expliquer cette mystérieuse agression, blessait de deux coups de revolver le nouveau Président des États-Unis, général John Abram Garfield, ancien Grand Orient de la Grande Loge des Illuminés, mon maître et mon amant. Le colosse mit trois mois à mourir, sans une plainte ni un mot qui pût servir à accuser ses frères.

Je crus toucher au pouvoir suprême.

QUATRIÈME PARTIE

L'INFIDÉLITÉ DE L'ÉLUE

I

MONSIEUR GRÉVY

Hélas ! je m'étais trop réjouie de la chute de Garfield, et je compris bientôt les raisons que le Dragon avait eues d'hésiter.

Un Grévy n'était pas de taille, je l'ai dit, à mener notre barque ; et moi-même m'étais fait illusion sur le rôle en marge que j'avais assumé : rôle de Pythie désormais sans horizon et sans guide.

En vain j'essayai de pénétrer, pour me servir de lui à son tour, l'homme que le Destin nie donnait pour maître et de découvrir exactement ses vues, ses tendances, son caractère. Un voile d'hypocrisie le dérobait à toutes les recherches. Sa vraie physionomie échappait au moment même où l'on pensait la saisir.

Il avait alors 74 ans ; l'habitude de présider les assemblées depuis 1871 lui avait permis d'assumer, en 1879, à la chute de Mac-Mahon, la première magistrature avec plus d'aplomb que d'autorité.

Tartufe et Joseph Prudhomme !

Au moral, il avait l'esprit naturellement double. Impatient de toute discipline, sensuel, avide d'argent, affamé du pouvoir, il se sentait incapable de l'exercer par lui-même et fut toute sa vie le jouet d'une camarilla. Paresseux et mou, il savait se trémousser jusqu'au crime quand il sentait sa situation compromise. Longtemps mêlé aux affaires, il s'y débrouillait plus par routine que par sûreté de coup d'œil. Lâche et rampant pour échapper à une menace ou à un danger, il profitait du dédain qu'inspirait sa couardise pour accabler soudain l'adversaire d'une traîtrise effrontée. D'un extérieur placide, il était rongé au dedans de passions révoltantes.

Malgré sa médiocre intelligence et sa nature superstitieuse, il avait réussi à se faire rapidement une situation en Loge grâce à sa ponctualité, à sa fidélité au moindre article des règlements et à une certaine facilité d'émettre des idées ou du moins des discours à la portée des auditoires moyens. Il fut initié sur la demande formelle de l'Esprit, sans qu'aucun des Éclairés eût approuvé sa candidature. Il subit toutes ses épreuves, même les plus dures, sans éclat, mais aussi sans défaillance. Un certain cynisme lui tenait lieu, à certains moments, de vertu.

Il semblait ne se targuer ni de ses grades ni de ses hautes charges, quoiqu'il les eût follement enviés. Jamais il ne me prêta le moindre concours dans ma lutte contre Garfield, même dans l'espoir de lui succéder ; mais une fois en place, il défendit sa position avec une férocité couverte et prête à tout.

Il entourait sa vie de mystère et fut mêlé à mille intrigues. On ne lui connaissait pas de maîtresse, et il en entretenait deux, aux dépens, il est vrai, de la République.

Il ne demandait jamais un conseil que par manière de prévenance, en soulignant bien que c'en était une. Ne fût-il qu'un agent d'exécution, il voulait encore donner à croire qu'il agissait de son propre chef. Il ne s'exprimait le premier dans la discussion que d'une manière ambiguë, guettant ensuite l'avis de l'un et de l'autre pour se décider.

C'est lui qui émit l'« idée » que, parmi les députés de l'extrême-gauche, à la Chambre, la Loge entretînt des affidés pour nous rendre compte des moindres faits et gestes de nos Adeptes : jamais Garfield n'aurait commis cette bassesse !

Il était entré au Parlement par la corruption électorale et fit de l'achat des voix une des lois fondamentales du régime. Il parvint aux ministères, à plusieurs reprises, contre son propre parti, avec une rouerie qui ne laissait rien deviner. Hissé au premier poste de la République, il éloigna de lui tout ce qui pouvait rappeler l'humilité de ses origines et les difficultés de ses débuts. Il s'attacha des rivaux et des adversaires en les comblant de faveurs, et il réduisit les autres au silence par d'obscurs chantages. La masse enfin s'habitua à lui, malgré son peu de prestige, parce que sa supériorité n'offusquait personne.

Il avait de gênants émules politiques, il sut s'en débarrasser.

Gambetta est sa plus notoire victime.

Non seulement Grévy n'avait point appelé Gambetta au pouvoir, en 1879, après son élection à la Présidence de la République, et lui avait préféré le terne Waddington ; mais, contraint, après les élections de 81, de le choisir comme premier ministre, il supportait avec impatience sa popularité.

Le « borgne sonore », comme on l'appelait, avait au moins l'avantage d'une éloquence fumeuse, mais entraînante. La Loge avait pris peur assez vite de sa turbulence, et l'idée fut émise par Grévy qu'il valait mieux s'en débarrasser. Les Éclairés approuvèrent.

Gambetta avait retiré de la bohême galante une femme dont il était fou, et qui le surveillait au compte de plusieurs polices, y compris celles de la Loge et de Bismarck. Ce fut elle qu'on chargea de l'exécuter (31 décembre 1882), et le mystère des Jardies n'en fut jamais un pour nous.

Cependant, il était difficile, même à ce fourbe de Grévy, de tromper tout à fait la clairvoyance de la Loge. Rien n'échappait aux autres Initiés de ses secrets manèges, de sa faveur anormale auprès de l'Esprit, de son ascension trop rapide à tous les honneurs. Quelle pouvait donc être la cause occulte de cette inexplicable fortune ? L'on s'aperçut que souvent il s'échappait des résidences présidentielles et disparaissait vingt-quatre heures environ, tous les mois. On le fila, et l'on apprit qu'il avait loué incognito une petite maison de campagne à Marly-sur-Seine. Quelle belle inconnue l'y attirait ? En l'épiant mieux, on s'aperçut qu'il venait réellement s'y enfermer seul, tout un jour. Une concierge, chargée de ses repas, avait la garde de la demeure ; on la corrompit.

— Le Président, raconta-t-elle, vient ici poursuivre de temps en temps des études chimiques, qui, paraît-il, l'intéressent.

L'énigme s'épaississait.

A force d'argent, Ferry gagna tout à fait cette femme et obtint d'être introduit dans la maison mystérieuse. En réalité, il y avait là tout un arsenal d'alambics, de cornues et autres appareils, hérités sans doute d'un devancier, chimiste ou alchimiste ; mais tous ces ustensiles étaient poussiéreux, et, à côté des pièces explorées, restait un cabinet solidement verrouillé, où Ferry parvint à s'introduire une nuit par la fenêtre, malgré les appréhensions de la gardienne.

L'appartement n'avait rien de bien extraordinaire au premier abord ; en fouillant partout, l'enquêteur finit par découvrir, aménagé dans un placard, une effigie de l'Hydre aux sept têtes !

Ainsi Grévy venait là, à chaque instant, en cachette, évoquer le Dragon, en dépit des règlements de la Loge qui interdisent ces incantations hors du Temple rond. C'est au Dragon qu'il extorquait les avis et les secrets dont il se servait pour se maintenir comme Grand Orient. Et, plus tard, l'on s'aperçut qu'il se livrait aux mêmes pratiques à Fontainebleau et ailleurs.

D'où les fureurs du Dragon, prisonnier de ses promesses à l'égard de ce Macbeth-Paturot, et peut-être sa résolution d'en finir avec cette Loge désormais acéphale.

Grévy aurait dû être décrété sur-le-champ d'accusation : on n'osa pas ; seule son autorité morale était ébranlée. Chacun profita de cette incorrection manifeste du Grand Orient pour en faire à sa tête, et la Loi de la Loge, déjà ruinée par les mauvais exemples de Garfield, perdit encore de son crédit, ne fut plus entre les mains de quelques partisans que l'instrument de passions particulières, à dégoûter Satan lui-même de ces Lucifériens dégénérés.

Plusieurs Initiés, parmi les meilleurs, regrettaient Garfield. Ils ne purent se retenir de former entre eux une sorte de Secte dans la Secte, et leurs premiers efforts se portèrent contre moi, comme si l'introduction d'une prophétesse parmi ces têtes graves et sages avait été le premier symptôme de la décadence.

Soit pour redonner un peu d'élan à notre Haute Loge languissante, soit pour éprouver mes talents, quelques-uns imaginèrent de demander au Chapitre de me faire parler un jour, devant tous les Adeptes et Affiliés ; et pour que ces demi-profanes ne pussent me reconnaître, d'organiser une séance pareille à celle que j'avais vue se dérouler pour la première fois dans la Grande Loge ottomane, sur l'invitation de Bou Ahmed, et où les assistants m'étaient apparus affublés de têtes de chevaux.

L'idée venait de Thiénet, et elle parut risquée au Grand Congrès qui n'avait encore jamais essayé pareille chose à Paris ; Thiénet qui tenait, comme spécialiste de l'occultisme, à son projet, convoqua le Chapitre un mardi pour le saisir de la question.

Or, mon caractère, de plus en plus difficile, me faisait supporter avec impatience qu'on disposât ainsi de moi et des confidences présumées de l'Esprit, sans même m'en prévenir.

D'autre part, l'idée m'intéressait. Elle flattait à la fois ma vanité et ma curiosité. Redoutant un échec qui m'eût rendue la fable de l'assemblée, je voulais seulement réfléchir et consulter préalablement le Dragon.

Le mardi soir, arrivée la première au rendez-vous pour empêcher la délibération, je verrouillai donc les portes du Chapitre et en emportai les clefs, après avoir affiché en grosses lettres sur les portes :

— *Fermé pour cause de nécessité mondaine : d'onze heures, ce soir, grande réception dansante chez l'Inspirée.*

Ce coup d'audace et d'indiscipline ne fut naturellement pas du goût de tout le monde, surtout de Thiénet ; la plupart prirent le parti d'en rire, craignant d'indisposer le Dragon en condamnant mon acte d'indépendance. Aucun n'osa manquer à mon rendez-vous. On s'amusa beaucoup chez moi. De ma propre autorité, je fixai au lendemain une communication extraordinaire en Loge, et Thiénet lui-même s'inclina.

Cependant, vers la fin de la soirée, comme je chantais, en m'accompagnant au piano, je ne sais plus quel air d'opéra, Tessert vit par hasard entrer au salon Séguin. Il savait que plusieurs fois ce dernier avait tenté de me nuire, durant les derniers mois, et comme Tessert m'était dévoué, il en gardait rancune à son collègue.

Or, à ce moment précis, Séguin, prenant l'épaule de Ferry, lui disait à l'oreille :

— Écoutez chanter, sans remords, la meurtrière de Garfield, la femme qui poignarde dans le dos.

— Et bien, moi, je te gifle en face, lui cria Tessert indigné.

Et il lui administra une paire de soufflets retentissants. Séguin répondit en faisant le geste de lui donner de son gant au visage. Ils descendirent tous deux.

Effrayée de l'esclandre, je m'étais précipitée, dès que j'avais pu deviner la scène, pour arrêter l'altercation ; ils étaient déjà partis, et c'est en vain que je suppliai le Dragon de défendre ma cause. Tessert fut cette nuit même victime de ce duel, et je dus me contenter d'une bien maigre vengeance.

Séguin fut condamné, l'autre semaine, sur ma plainte, à quatre mois de souterrain, pendant lesquels il souffrit tous les tourments et principalement celui de la faim. Au bout de quoi, il fut désigné pour jouer le rôle de Délinquant, dans la cérémonie du Vendredi Saint, non pas même au compte des Initiés, mais à celui des simples Affiliés : ce qui est le comble de l'humiliation pour un Affilié supérieur.

Aussi bien imagine-t-on, le lendemain de cette scène, mon état d'esprit. Rien, à la séance extraordinaire, où j'avais convoqué les Initiés, ne réussit d'abord à satisfaire la curiosité des assistants. L'Esprit se montrait rebelle à toute communication ; j'étais moi-même hors d'état de lui servir d'interprète. Je ne parvins qu'à ressasser mon éternel et odieux réquisitoire contre Garfield.

Thiénet, de plus en plus exaspéré depuis les incidents de la veille, donnait des marques d'impatience. J'achevai de l'indigner par un dernier trait d'ingratitude, car chacun savait qu'il avait été l'ami intime du disparu comme j'avais été sa maîtresse. Il se leva soudain, le regard menaçant, et, bondissant jusqu'à l'Estrade, il m'apostropha sans ménagement :

— Femme, me dit-il, tu te constitues, selon les Constitutions, en état de révolte de plus en plus ouverte contre la Loge, en affichant une dictature hors de proportion avec ton grade, en nous imposant tous tes caprices sous prétexte d'inspiration, en insultant de tes sarcasmes jusque dans la mort ceux à qui tu dois tout. Cesse par ordre, puisque tu n'as pas su le faire par décence, et descends de cette tribune... Tu as trop abusé à la fin de notre patience... Descends !

Le conflit était grave. Thiénet, chef des trois Éclairés, seul détenteur des secrets mystiques, occupait le plus haut poste ésotérique du 9e Giron et peut-être ailleurs une place de premier plan, près de la Loge suprême ; il n'était pas un des assistants qui, me connaissant bien, pût penser cependant que j'allais lui obéir et renoncer, sur ses injonctions, à la parole. Au contraire, cette contradiction Violente fut le coup de fouet qu'attendait sans doute, pour se déclencher en moi, la voix de l'Autre.

Me tournant vers l'assemblée, la voix tonnante, le regard foudroyant :

— Amis, m'écriai-je, en quoi ai-je mérité cet affront ? Qui m'accusera d'avoir un instant oublié, dans mes paroles, l'intérêt de la Loge ou rien avancé contre la vérité ? Que celui-là se lève et perce mon cœur... Foulant aux pieds toute tendresse humaine, j'ai la première, il est vrai, dénoncé Garfield, que d'autres au contraire laissaient nous trahir impunément. Voulez-vous donc rouvrir ce procès ? Nous n'aurons alors qu'à feuilleter nos *Annales*, à défaut de documents plus récents. Nous y verrons comment Garfield, en 1871, s'est laissé soudoyer par Napoléon III pour sauver l'Empire et quelle somme exactement cet homme intègre a touchée pour son inutile trahison : Metz et Sedan ont déjoué son intrigue... Et après la défaite, comment, et à l'aide de quelles complaisances, a-t-il été permis à Bonaparte, ancien carbonaro, traître à ses serments, de gagner sain et sauf l'Angleterre, alors qu'au grand cartel du Chapitre était inscrit que l'Esprit réclamait sa mort ?... Et qui s'est tu, depuis lors, couvrant ces crimes ? Qui voulait épargner hier encore le Grand Orient félon, alors que de toutes parts Bismarck, Bou Ahmed, Néri, Skiorid demandaient sa tête ? Y a-t-il donc ici un clan qui songe à exalter sa mémoire, à remettre en honneur sa politique ? Que ses partisans se lèvent et proclament tout haut leur dessein, à la face de la Loge et du Dragon, afin que demain nous puissions récrire à leur intention sur l'ardoise du Chapitre, pour épargner à l'Esprit la peine de l'inscrire lui-même : « *Mort à tous les ennemis de la Grande Loge des Illuminés.* »

Au fur et à mesure que je parlais, évoquant des souvenirs enfouis dans le secret des consciences, et que plusieurs croyaient oubliés, je voyais des faces blêmir, des fronts se courber. Thiénet lui-même, découragé par le froid accueil de l'Assemblée, restait muet.

Il abandonna la partie.

Pourtant, en dessous, je sentais fort bien que cette opposition, comptant sur la veulerie de Grévy, ne désarmait pas. Moi-même, privée de tout conseil sérieux, ne la combattais que par caprice et à coups d'excentricités. Seul Bismarck aurait pu me tracer une ligne de conduite raisonnable ; depuis la mort de Garfield, satisfait du résultat obtenu, il m'avait à peu près oubliée ou peut-être, attendant son heure, guettait-il l'occasion de m'abattre à mon tour : je savais trop de choses pour une femme !

Ou encore, par delà Bismarck, près de ces Pouvoirs suprêmes dont je ne connaissais guère que le nom, peut-être jugeait-on qu'en effet le passif instrument à tout faire que je devais rester en dehors de mes fonctions de médium ou de truchement pur et simple de l'Esprit, se mêlait de prendre au Conseil et au pouvoir une part que n'autorisait aucun statut.

On racontait, dans nos milieux, un mot caractéristique du Chancelier de fer à la Païva :

> *« Vous êtes trop intelligente, vous voulez trop comprendre à ma place et me brouillez tout : je ne peux plus vous employer. »*

Et c'est parce qu'il m'avait jugée sans cervelle qu'il m'avait choisie un moment pour agent. Mais aujourd'hui tous ces Hauts et Illustres Maîtres s'indignaient de voir l'ancienne Dalila de police, promue pythonisse par un caprice du Dragon, prétendre s'entendre à tout et faire à tous d'imbéciles leçons.

La cohue des jaloux emboîtait le pas à tous ces orgueils que mon orgueil se faisait un jeu d'offenser.

Bref, mille difficultés me rendaient nerveuse, irritable au delà de toute mesure, véritablement forcenée. Ajoutez que mes séances d'inspiration ne laissaient pas d'exténuer mon robuste tempérament. Il m'arrivait de tomber dans une sorte d'hystérie.

Ainsi, lors d'une autre séance du Congrès dans la salle du Grand Conseil, le président Le Royer m'avait offert encore une fois, par déférence, de monter à la tribune : et là, poussée par un soudain accès de colère, j'entamai une violente satire contre la mollesse des Grands Dignitaires, menaçant de démasquer nommément les coupables, de quelque grade qu'ils fussent.

Atterrés, tous se taisaient, craignant de s'exposer une fois de plus, moins à mes insultes qu'aux révélations et aux mises en accusation explicites de l'Esprit.

Un seul, avec une audace sans égale, osa riposter : c'était le peintre Chéret. Il me lança de sa place plusieurs épithètes d'atelier et termina en me sommant à son tour, en termes peu protocolaires, de descendre de la tribune. Je refusai comme de raison, la langue verte ne me faisant pas plus peur que l'autre, et sa fureur ne connut plus de bornes :

— Jusques à quand, adjurait-il ses collègues, nous laisserons-nous nasarder, encorner par cette gourgandine ? Jusqu'où a-t-elle pensé nous ridiculiser impunément et nous réduire à faire figure de jocrisses ?... Quel dommage de ne pouvoir la calmer d'un bon coup d'épée !

Je feignis de n'avoir pas entendu ; mais le lendemain, je lui envoyais mes deux témoins, Ferry et de Lanessan. J'avais, il est vrai, peu de pratique de l'escrime : je comptais sur la protection du Dragon. Rendez-vous fut pris à Berne pour la rencontre. Nous nous battîmes au fleuret démoucheté, et on nous arrêta au premier sang. Mon arme avait atteint, légèrement il est vrai, Chéret en pleine poitrine, et il avait perdu connaissance. Les médecins jugèrent la blessure sans gravité, et l'artiste put revenir à Paris. Mais cette plaie insignifiante ne cessa plus de se rouvrir et de se creuser. Il en souffrit pendant longtemps, et finalement, une hémorragie interne s'étant déclarée, il en mourut quarante-huit jours après le duel, comme était mort Garfield de longues semaines après l'attentat.

Notre Grand Orient aurait dû intervenir et réprimer tant d'indiscipline ; Grévy, au lieu de me punir ou tout au moins de me réprimander pour cette incartade, resta muet. Et le parti Garfield, aussi hostile à son incurie qu'à mes violences, se grossit encore de tous ceux qui ne purent digérer ce tour d'amazone. Je me sentais critiquée de toutes parts ; le Pouvoir suprême était miné et ruiné, et d'inquiétantes infiltrations nous menaçaient jusque sur le terrain le plus réservé de notre Rituel, de nos formules évocatrices et de nos pratiques mystiques.

C'est alors qu'on commença de faire parler en Loge les tables tournantes, dont la mode battait son plein. L'écriture automatique et toutes les autres évocations du spiritisme nous devinrent familières. Grévy en personne, gardien né des Constitutions et des traditions de notre Ordre, s'y adonnait sans retenue, employant ces oracles puérils à sa besogne de dissensions à semer, pour mieux régner, dans les Chambres et jusque parmi les Hautes Loges.

Après ma dispute avec Thiénet, il feignit, quand nous étions en tête à tête, d'embrasser mon parti, de même qu'il me condamnait probablement, quand il était seul avec mon adversaire ; et il poussa la comédie jusqu'à évoquer un jour devant moi une sœur défunte d'un des Éclairés.

Le guéridon consulté nous fit avec complaisance des confidences effroyables. Cette jeune femme était morte, à l'en croire, en donnant le jour à un enfant de son frère, celui-ci lui ayant refusé pour ses couches l'assistance d'une sage-femme ou d'un médecin, de peur que l'affaire ne s'ébruitât.

On imagine assez quels soupçons mutuels ces pratiques pouvaient semer, même dans un milieu plus uni, et à plus forte raison parmi nous. Des aventuriers en profitèrent pour s'introduire à la Loge, s'imposer, élever pouvoir contre pouvoir, sous prétexte d'une même impiété.

Les soirs de séance où il semblait que l'on dût au Dragon de particulières actions de grâces, un prêtre, l'abbé Mazati, montait à l'autel à deux heures du matin. Les vases sacrés qui sont tombés au pouvoir de la Loge depuis les pillages de 1793, étaient disposés sur un autel muni des reliques réglementaires. Les Initiés assistaient à la cérémonie, et le célébrant s'appliquait à faire toutes choses rituellement. Il consacrait un plein ciboire d'hosties.

Puis, la messe dite, il jetait ses ornements et se mettait à table. Les hosties étaient semées dédaigneusement dans les sauces, sur les taches de vin. Thiénet, un jour, en jeta une à un chien, dans une bouchée de viande. Grévy s'amusait à y découper des dessins obscènes. L'abbé Mazati les lardait d'un canif. D'autres les profanaient d'attouchements ignobles, et, à la fin de l'orgie, quand étaient introduites les prostituées, faisaient consommer à celles-ci les parcelles encore reconnaissables. Sacrilèges que l'Esprit, loin de les condamner, approuvait et agréait visiblement.

Cependant le prêtre indigne, racolé pour cette besogne, n'avait pas tardé à se targuer d'une certaine supériorité sur les Dignitaires eux-mêmes et n'entendait pas être à leurs ordres. Il s'introduisait à la Loge à toute heure, assistait aux séances secrètes sans être convoqué, inventait toutes sortes d'offices auxquels lui seul était apte de par son sacerdoce.

Un soir qu'un Chapitre extraordinaire devait se réunir à la Salle du Banquet, on eut la surprise d'y trouver Mazati installé, en train de dire sa messe. Grévy furieux l'interpelle, lui demandant pourquoi et comment il se trouvait là. Pas de réponse. Le Grand Orient somme l'intrus de s'en aller. Mazati n'en a cure. Il me fallut toutes sortes d'instances pour qu'on ne l'arrachât pas de l'autel et qu'on attendît la fin de sa messe : ce que nous fîmes en buvant un verre de madère.

Cependant l'autre ne se pressait pas ; il avait consacré cent vingt hosties destinées aux prochaines fêtes du Vendredi Saint, et il ne daigna ouvrir pour nous la bouche qu'une fois déposés ses ornements sacerdotaux. Alors, se tournant vers Grévy, il lui déclara tout net :

— Je suis ici par l'ordre et par l'opération du Dragon, et j'y agis comme bon me semble, en lui et par lui, aussi bien que l'Inspirée.

On n'osa pas l'expulser. Ce fut lui au contraire qui reçut mandat de dépouiller, cette nuit-là, les différents scrutins des Initiés.

Or, il évoquait le Dragon, non selon nos rites, mais au nom de la Très Sainte Trinité, et chaque fois l'Esprit se rendait sur-le-champ à cette adjuration. Aussi plusieurs Initiés finirent-ils par adopter la formule, comme plus efficace et plus commode que les nôtres, malgré la mauvaise humeur où elle jetait régulièrement l'Esprit. Quant à l'abbé, il usait et mésusait de cette toute-puissance.

Afin de se débarrasser de lui, on dut lui confier vers 1882 une mission pour Rome, où il passa trois mois ; il en revint en 1883, m'a-t-on dit, mieux informé, plus souple et plus fort que jamais. Je ne sais toutefois quelles nouvelles il rapportait : car c'est de cette époque que date mon éloignement de la Loge.

II

LES ÉLECTIONS DE 1881

Si l'activité intérieure de la Loge était aussi anarchique, on devine ce que pouvait être son action au dehors.

Ce fut bientôt le gâchis, la débâcle.

J'avais fini par ouvrir le fameux Salon scientifique, qui avait été la dernière création de Garfield à Paris. Or, quels services ce salon rendit à la science, je ne le raconterai pas, et pour cause ; je sais seulement quel mal il permit de faire à nos adversaires politiques.

Je pus y étudier les opinions et surveiller les tentatives d'organisation d'une partie des hommes d'action et des hommes du monde qui restaient attachés à la monarchie par conviction personnelle ou par tradition de famille. La plupart me confiaient candidement leurs plus délicats projets avec ce complet abandon qu'inspirent à des esprits bien nés les sentiments de loyauté et d'honneur dont eux-mêmes sont nourris. A peine leur a-t-on été présenté régulièrement qu'on est censé être des leurs.

A ce jeu, il est facile d'imaginer quelles dupes et quelles victimes il me fut facile de multiplier. Suivant les indications de l'Esprit, je semais de tous côtés les deuils et les ruines, les divisions et les haines. Mon salon devint un foyer d'intrigues hideuses.

Le Royer, alors président du Sénat, rencontra de cette façon chez moi Madame de X., de qui j'avais appris que le mari, ancien familier du comte de Chambord, travaillait activement au rétablissement de la monarchie. On tenait chez lui toutes sortes de réunions où se distribuaient les rôles, en vue d'une restauration, et déjà les places à se répartir au lendemain du coup de force. Il fallait à tout prix déjouer ce complot. Le Royer dénonça le mari à la Loge qui se chargea de lui ; un jeune Initié se chargea de la femme.

On commença par susciter à M. de X*** une affaire désagréable qui devait le retenir durant près d'un an à l'ambassade de France à Londres. Pendant ce temps, l'Initié séduisait la femme, jusqu'ici fort honnête, mais légère et qui se laissa prendre à d'audacieux filets. Au bout de quelques mois, elle était enceinte. Folle de honte, elle quitta la maison et vint se réfugier chez moi. On lui conseilla l'avortement, elle se rendit malade de drogues, l'enfant en mourut, et elle se crut délivrée.

Mais le monde avait parlé, ou on le faisait parler.

Un duel retentissant mit aux prises M. de X*** et Le Royer. M. de X*** y succomba ; et, pour comble, une liquidation judiciaire de sa fortune qui était considérable fit tomber dans la caisse de la Loge plus de 300.000 francs, grâce au banquier affilié, chargé de la gérance d'intérêts communs.

Tant de bassesses ne pouvaient remplacer les grandes vues, de plus en plus étrangères, depuis l'avènement du médiocre Grévy, à notre espèce de politique à la petite semaine.

Le 18 février 1881, se tint bien à Paris un Congrès général des Grands Orients : Thomson, député de Constantine, pour la Grande Loge d'Afrique ; Gasconi, pour la Grande Loge d'Amérique et des Indes Orientales ; Néri, pour l'Italie ; Grévy, pour la France ; Bou Ahmed, pour la Turquie ; Sebeyck-Kadr, pour l'Asie ; Sokolof, pour Saint-Pétersbourg. Mais ce n'était encore là qu'une parlote en dehors des vrais chefs de plus en plus réticents. Rien de précis ne sortit de ces délibérations, en dehors des habituels ordres du jour pour l'anéantissement de tout pouvoir religieux et pour la chute des trônes.

Thomson, pour sa part, proposa le moyen de corrompre un prélat haut placé et de l'enrôler dans nos rangs, afin de surveiller par lui les tentatives de défense de l'Église romaine. Je ne dirai pas, par respect pour l'épiscopat, si ce moyen réussit.

L'Esprit, croit-on, se manifesta plusieurs fois dans cette assemblée ; il ne pouvait transformer le cerveau ni le cœur des hommes.

Aussi les élections législatives (août-septembre 1881) et le renouvellement partiel du Sénat, le 8 janvier 1882, marquèrent-ils, pour la première fois, en dépit de l'apparent triomphe des républicains, un recul et presque une déroute des cadres occultes de l'Illuminisme, sinon de la basse Maçonnerie de la Grande Loge et du Grand Orient.

Nombre de candidats, soutenus par la Loge, au moins pour tenir la place d'adversaires plus redoutés, étaient restés sur le carreau ou avaient subi, comme candidats sénateurs ou députés, de fortes pertes de voix qui ébranlaient leur situation.

Et, sans doute, la composition des deux Chambres à cette époque fait suffisamment comprendre qu'il restait à la Maçonnerie assez de partisans secrets dans les deux camps pour expliquer comment, malgré cet échec secret d'un état-major à la débandade, ses troupes devaient gagner la partie. C'est l'aboutissement fatal de toute comédie parlementaire. Le prétendu Peuple souverain, les Chambres elles-mêmes et le gouvernement sont perpétuellement manœuvrés par un clan aux mains duquel sont toutes les ficelles. En vain les honnêtes gens, les catholiques, la droite arriveraient-ils à doubler leurs chances ; la partie est réglée d'avance, et même ceux des enjeux qui semblent aller à des adversaires du régime n'ont fait que payer une trahison.

En réalité, la Loge continuait de compter parmi les membres de son Conseil une grande partie des ministres influents, des membres du Bureau des deux Chambres, des grandes commissions, de la haute finance et de l'administration. La plupart des chefs, même dans l'opposition, ou bien nous étaient acquis, ou tout au moins étaient tenus par des subsides et de peu honorables secrets. A leurs violences de langage, on aurait pu prendre tel ou tel d'entre eux pour des adversaires irréductibles de la Maçonnerie ; en réalité, ils étaient chargés, en offrant cet exutoire à l'inévitable réaction catholique, d'égarer les coups, de canaliser les résistances, d'écarter du débat les questions et les hommes les plus embarrassants, d'empêcher surtout, au milieu de la clameur de foire de la politique, que personne ne touchât au véritable ressort occulte de cette puissance en passe de dominer le pays tout entier.

Comment le « Peuple » aurait-il pu deviner cette immense duperie ? Quels sauveurs pouvaient l'en dégager, alors qu'ils étaient eux-mêmes prisonniers ou vendus ? Qui n'a pas touché du doigt ce mécanisme secret de l'histoire contemporaine n'en trouvera jamais une explication plausible. Lui seul, en tout cas, fait comprendre comment, dix fois, avant cette date et depuis, une majorité parlementaire de soi-disant réaction n'a réussi qu'à affermir finalement le pouvoir aux mains de l'anticléricalisme et du radicalisme vaincus.

Le premier choc pourtant fut dur, et nos Adeptes, recrutés pour la plupart par l'ambition, se démoralisaient, menaçaient de se débander, pour passer tout au moins aux Loges d'à côté ; et l'échec aurait pu être définitif si l'ennemi avait eu un homme, un seul, les yeux vraiment ouverts, le cœur intrépide, résolu à assumer la dictature contre la Maçonnerie, en vue de rétablir en France l'ordre, la suprématie du bien public et la vraie notion de l'État.

Des dissensions, des querelles sans fin agitèrent notre Grand Conseil. Le succès d'organisations rivales, rapproché de nos propres déceptions, rendait chacun soupçonneux, et un système intensif d'espionnage et de délation, en s'efforçant de prévenir les défections, entretenait une atmosphère irrespirable de noirceurs personnelles et de basses préoccupations. Le caractère même de notre Œuvre s'effaçait au milieu de cette consternation générale. Les orateurs qui se succédaient, les vendredis, à la tribune, n'avaient plus à la bouche qu' « affaires » à monter, à surmonter ou à résoudre. L'existence et le culte de l'Etre suprême, au nom duquel ils parlaient, paraissaient oubliés. Séances courtes, idées émises insignifiantes ; seuls les banquets « fraternels » ne cessaient plus, comme si chacun s'empressait à jouir des dernières heures de l'orgie. L'Esprit s'en irritait, mais en vain. Sous le vernis sectaire, les passions humaines reprenaient de toutes parts le dessus.

Les finances elles-mêmes s'étaient épuisées en largesses électorales. Les compétitions intérieures leur faisaient subir une sorte de perpétuelle dilapidation. L'argent, nerf de la guerre ; l'argent, grâce auquel on tenait tant de consciences, allait manquer.

Tous nos projets, au dehors, s'en trouvèrent contrecarrés, amoindris.

L'Internationale ouvrière, soumise à son insu à notre contrôle, frémissait sous le joug : des mouvements d'opposition s'y dessinaient contre l'influence occulte de nos affiliés et contre leurs motions sans lien avec les intérêts de classe des masses.

Il fallut s'en remettre, pour les affaires étrangères, à des agents d'exécution peu connus ou peu sûrs.

Ainsi fut perpétré, à cette époque, l'assassinat du Czar Alexandre II (13 mars 1881), dont on redoutait un ukase contre la Grande Loge de Saint-Pétersbourg. J'eus d'ailleurs peu de lumière sur cette affaire, qui, une fois décidée, se trama presque tout entière en dehors de nous. Je sus seulement, par Dinamigko, que la plupart des nihilistes militants étaient par personnes interposées des émissaires ou des affiliés de la

Loge de Paris ou de celle de Constantinople. Bou Ahmed et Grévy étaient les deux grands instigateurs du complot.

Le Prince de Galles, comme haut maçon anglais, avait eu vent de l'existence des Illuminés et se montrait inquiet de ces arrière-coulisses de la scène cérémonieuse et loyaliste où on le faisait parader pour le public. Il fallait se l'attacher à tout prix ou le traiter en ennemi. Au cours d'un voyage à Paris avec la princesse, Grévy parvint à le convaincre. Il fut reçu Chevalier Kadosch le 28 janvier 1882, Affilié supérieur en 1883. Il était toutefois bien évident qu'il s'était plié à la cérémonie par mesure de précaution, pour avoir droit de regard, plutôt que pour nous servir à Londres avec zèle.

Chaque année, la Loge faisait enfin passer en Allemagne des sommes immenses, en vertu d'opérations de haute finance, comme les contre-assurances. Certains krachs retentissants et certaines grèves ruineuses éclatèrent également à cette époque. On cherchait ouvertement à appauvrir la France au profit de Berlin, qui, une fois en République, devait prendre la tête des États-Unis d'Europe et de la démocratie universelle. Mais il était visible que Bismarck utilisait au fond ces vues idéologiques au profit immédiat d'un pangermanisme très pratique et peut-être *über alles*.

On voit combien il était temps de mettre ordre à ce désordre général, si l'on ne voulait pas que le Dragon lui-même procédât à la fermeture de ce Temple en ruines.

C'est alors que fut enfin acceptée et mise à exécution l'idée précédemment émise par Thiénet et que j'avais feint quelque temps de combattre ; celle d'un appel au ban et à l'arrière-ban des Affiliés et des Adeptes, en vue de ranimer les espérances et les courages, de surexciter les fanatismes languissants.

III

BROUILLE AVEC L'ESPRIT

Ce fut, hélas ! ma dernière et vaine grande réussite en Loge. J'avais demandé à consulter préalablement l'Esprit sur l'opportunité d'une séance aussi extraordinaire, unique dans les annales de la Loge de Paris.

Une nuit, je me décidai à supplier le Dragon de m'éclairer à ce sujet ; et, après une évocation d'environ trois quarts d'heure, j'eus la surprise d'assister à une manifestation toute nouvelle de l'Esprit.

Tout d'abord, les multiples yeux du Dragon de marbre s'animèrent et jetèrent des flammes, tandis que le reste du corps restait immobile et sans métamorphose.

Puis, tout à coup, je vis l'Esprit, non plus seul, mais divisé en trois formes, à la fois identiques et séparées, comme les trois personnifications de la même puissance, à la monstrueuse image de la multiplicité des personnes dans l'unité de nature de la divine Trinité. Le Dragon, la Bête et l'autre Bête à sa ressemblance, et toutes trois ne faisant qu'un !

La première de ces parodies d'hypostases semblait s'être particulièrement emparée de mes puissances intellectuelles, la seconde des facultés affectives de mon âme, la troisième des forces sensibles et du corps. La première me poussait surtout à la révolte contre toute puissance contraire à la sienne, la seconde à toutes sortes de désirs contraires au bien, la dernière à une certaine volupté des sens, tendant à la mollesse, au repos, à l'assoupissement. Je cherchais en vain, dans cet état, à poursuivre une idée propre ; je ne cherchais même plus la réponse à mes questions. J'étais comme liée, au point de redouter un moment d'avoir perdu toute faculté de retrouver la liberté de mes mouvements et ma personnalité. Effrayée, je jetai des cris que personne n'entendit, car j'étais seule en Loge. Un tremblement convulsif me saisit, et je finis par défaillir.

Les Esprits me quittèrent alors, en disant :

— Va, et agis selon ton désir. Je parlerai pour toi, j'en fais mon affaire.

Forte de cette promesse et de l'interprétation favorable que Thiénet me donna de la forme bizarre des apparitions, j'acceptai enfin d'appuyer son projet. Puis, comme il fallait, pour qu'il fût définitivement adopté, le consentement de trois Grands Orients, l'affaire fut encore remise.

Enfin Bou Ahmed et Gasconi, au bout d'un mois, adressèrent à Grévy une réponse affirmative. Les Adeptes, Affiliés et Initiés, au grand complet, furent convoqués dans la Loge carrée, et, par je ne sais quelle magie, le mirage dont j'avais déjà été témoin à Constantinople, — et plusieurs autres fois encore depuis, dans des proportions tout à fait réduites, — se renouvela avec une force et une variété d'illusion qui m'émerveilla moi-même.

On se serait cru dans une immense et fantastique ménagerie. Partout, au parterre comme aux tribunes, étaient accoudés d'étranges personnages à têtes d'animaux. Toute la faune était représentée. Chevaux, lions, ours, gazelles, singes, etc.

Moi-même entrai dans la salle, vêtue de la grande tunique blanche réservée aux grandes cérémonies, absolument méconnaissable. Mon visage, resté humain, ne me ressemblait plus. Et je devais être belle, quoique d'une autre beauté, plus encore que de coutume, car une sorte de hennissement courut l'assistance à ma vue. Une vague de passion agita ces hommes livrés aux pires instincts et que leur étrange incognito libérait par surcroît de toute retenue.

L'Esprit, à peine évoqué, vint à moi et me touchant au front, sembla dire :

— Désormais, c'est moi qui dirigerai toutes ses pensées.

Puis, approchant son doigt de mes lèvres, il poursuivit, parodiant divers versets sacrés, dans un simili-distique hébraïque :

— *J'ouvrirai tes lèvres, et tu annonceras ma Justice et ma Vérité.*

Sur quoi il disparut avec un ricanement sourd, et l'on renonça à l'évoquer une seconde fois. Tout de suite on passa aux discours.

Treize orateurs montèrent successivement à la tribune et discutèrent la question de l'expropriation définitive des religieux qui préoccupait alors, au premier plan, la Maçonnerie, à la suite des décrets d'expulsion de Jules Ferry (20 mars 1880). Les discours les plus violents et les accusations les plus odieuses furent ainsi ressassés sans fin. A entendre ces vertueux personnages, les couvents étaient remplis de monstres adonnés à tous les vices, de fainéants vivant aux crochets du peuple trop crédule. Ils avaient accaparé d'immenses richesses qu'il était temps de remettre à la disposition de la nation. Les Écoles congréganistes abaissaient les caractères et propageaient l'obscurantisme ; les chocolateries, les distilleries, etc. exploitées par ces parasites, drainaient des millions. Leurs ouvroirs, où l'enfance était mise en coupe réglée, faisaient baisser partout le salaire des ouvriers. Ces mauvaises mœurs et ces criants abus auraient enfin, depuis longtemps, soulevé l'opinion publique sans la protection éhontée de la haute magistrature, cliente de cette moinerie partout maîtresse.

Bref, tous les lieux communs de ce genre d'éloquence, traités avec une accablante prolixité.

Enfin mon tour vint.

C'était la première fois qu'une femme parlait devant les Adeptes, et leur étonnement ne contribua pas peu à secouer la torpeur engendrée par les précédents discours. Au surplus, si le thème que j'entrepris ne sortait guère de la banalité générale, je sus — où plutôt ON sut pour moi — le dégager des vagues amplifications oratoires et des arguments trop cornus.

Ce discours est en effet un des plus perfides et des plus éhontés que j'aie jamais prononcés. C'est de lui que Léo Taxil a tiré la matière de son scandaleux roman : *Les maîtresse de Pie IX*, prétendues révélations qu'il feint d'avoir obtenues d'un camérier du Pape. En réalité, il ne s'agissait que d'un flot de boue lancé par Satan contre l'Église de Dieu, représentée sous la figure de la Cour de Rome comme un foyer d'intrigues et de mauvaise vie. Ce à quoi l'auditoire ne demandait qu'à applaudir.

Quant au second point de mon discours, il tendait à prouver que si les monastères abritaient des jouisseurs et des moines d'affaires, ils renfermaient aussi des fanatiques sincères, et d'autant plus dangereux, acharnés à détruire le Grand Œuvre de la République. Point de paix, point de trêve, avec ces gens-là. Point de compromissions, surtout par en haut.

Et un souvenir de ma mission à Rome me fournit, là-dessus, ma péroraison. Je rappelai comment Victor-Emmanuel II, roi d'Italie, qui s'empara des Etats Pontificaux et enfin de Rome, en septembre 1870, devint pour ce haut fait l'un des héros de la Maçonnerie universelle. Cependant, vers la fin de sa vie, ayant prêté l'oreille aux *combinazioni* du cardinal Antonelli pour un arrangement tacite, destiné à soutenir le double pouvoir du Quirinal et du Vatican contre certaines menaces de révolution, il était temps qu'il mourût pour ne point finir anathème. Qui sait cependant si son fils Humbert, qui nous devait la couronne, n'essayait pas à son tour de négocier sous main avec le Pape au lieu de ne tendre qu'à l'expulser définitivement de la Ville aux sept collines ?... Malheur à tous les traîtres ! Il n'est pas un prince, pas un homme Etat de quelque importance qui n'ait auprès de lui, visible ou invisible, un argus de la Loge suprême, chargé de réduire bon gré mal gré toutes ces puissances à leur devoir.

Naturellement je fus beaucoup applaudie. Une motion intimant la présence obligatoire de tous les Adeptes et Affiliés à une séance hebdomadaire, chaque lundi, fut votée à une grosse majorité. Il n'y eut que 22 boules noires sur 440, et chaque Initié tour à tour devait se charger d'entretenir dans ces réunions le feu sacré en faveur d'un mouvement général de l'opinion française pour les lois de laïcité.

Inutile d'ailleurs d'ajouter qu'on se servit souvent de ces réunions pour semer des rumeurs infâmes ou tout au moins de faux bruits sur les projets ou l'action de la Maçonnerie. Car il eût été fou d'espérer une parfaite discrétion d'un tel nombre d'hommes, et le secret n'était d'ailleurs demandé que sur la source des doctrines et des renseignements lancés dans ces séances exotériques. Souvent on alla jusqu'à confier aux Adeptes un projet quelconque, plus ou moins extraordinaire, mais en l'air et sans suite. C'est un moyen d'éprouver jusqu'à quel point les uns ou les autres en laisseront transpirer quelque chose, soit dans leur entourage et auprès de leurs amis, soit quelquefois, en cas de conversion, pour des prêtres à l'affût de ces données. Au besoin, les Initiés aidaient de leur côté à répandre ce potin, et tandis que la curiosité publique commençait de se lancer sur cette fausse piste, l'activité vraie de la Loge échappait à toute investigation.

Ce fut d'ailleurs à peu près le seul avantage que nous retirâmes de cette séance sensationnelle, qui sembla sur le coup avoir produit une impression considérable. Moi-même avais le sentiment que nous avions enfin tiré tous les jeux pour un résultat médiocre. Enfin, j'étais mécontente de l'Esprit. Il ne m'avait pas soutenue comme je l'espérais. Il ne s'agissait sans doute, dans cette réunion semi-profane, de rien dire d'extraordinaire ; mais enfin je m'étais fort bien sentie réduite, cette fois, presque à mes seuls moyens. Rien dans ce que j'avais proféré qui n'eût répondu, je ne dis pas à mes pensées habituelles, du moins aux possibilités de ma subconscience. Assistée peut-être, je n'avais pas été sensiblement inspirée.

J'osai m'en plaindre, et de là datèrent une série de malentendus qui m'aliénèrent vite les complaisances de l'Esprit.

Exténuée par ces communications, les nerfs à vif, je fuyais à présent toutes relations supra-normales avec le même empressement que j'avais mis d'abord à les rechercher ; et les Initiés, de leur côté, espaçaient le plus qu'ils pouvaient tout contact direct entre le Dragon et moi. J'étais intervenue avec raideur dans trop d'affaires délicates ; on m'en cacha plusieurs au passage, et l'on s'arrangea pour que je m'entrasse plus en Loge durant les négociations et que l'Esprit ne pût me prévenir. Même une fois, à une demande ou convocation formelle du Dragon, on opposa, sous forme dilatoire, un véritable refus. Aussi, à plusieurs reprises, l'Esprit, par représailles, laissa-t-il sans réponse des demandes officielles en séance du Conseil. Je fus une fois trois jours entiers enfermée en Loge sans obtenir la moindre évocation.

Brisée de fatigue, j'avais même fini par m'endormir, quand les Initiés, le vendredi soir, entrèrent à leur tour à pas lents, la toge traînant à terre. Aucun d'eux ne portait sa plaque-soleil : c'est un signe de deuil. Un à un, en commençant par le dernier élu, ils allèrent s'incliner devant le Dragon et sept fois se courbèrent jusqu'à terre, implorant la clémence de l'Esprit qu'ils sentaient irrité.

Il fut sourd à leurs prières, et ils durent se retirer sans pardon.

Cependant je m'étais peu à peu assoupie durant ce manège dans une tribune, où je m'étais retirée dès le début, et voici qu'une sorte de langueur irrésistible nouait tous mes membres. En même temps, mes facultés intellectuelles me semblaient décuplées, et je pénétrai le secret de la scène. Toutes ces marques de chagrin des Initiés ne provenaient pas d'un remords d'avoir offensé l'Esprit, mais seulement de ce qu'il leur refusait de l'or. De l'or pour leurs débauches et leurs combinaisons électorales ; de l'or pour eux et non pour le service de l'Esprit ! Aussi s'était-il juré qu'ils n'en auraient plus, dût-il voir tomber cette Loge en sommeil. Seul le Dragon voulait être leur fin, et non un moyen pour eux d'arriver à d'autres buts. Il était le Maître suprême et n'en démordrait pas.

Je vis ensuite le fond même de mon propre cœur et frémis en m'apercevant qu'il n'apparaissait point au Dragon tout à lui. Non seulement j'avais délaissé la Loge par lassitude et par orgueil ; non seulement la vie mondaine de salon m'avait rendu mon faible caractère de femme, indifférente aux pensées supérieures et au culte de l'Esprit ; mais en moi, à mon insu et jusque dans mes accès de rage contre Garfield, un regret lent et sûr de l'homme et de l'ami s'était glissé, par la lézarde de mon dégoût à l'égard de l'actuel Grand Orient. C'est maintenant quand l'autre était mort, que j'apprenais à estimer ses qualités, son dévouement et jusqu'à sa tendresse. Je l'aimais, après l'avoir assassiné, malgré ma promesse de ne m'attacher jamais à âme qui vive, d'un amour réservé tout entier à l'Esprit. Et celui-ci, furieux de cette trahison, soudain se précipita sur moi, me jeta à terre, me piétina ; et moi, moi, Clotilde Bersone, l'altière, la vindicative, qui n'avais su pardonner de ma vie la moindre offense, humiliée et battue, je dus supporter ce suprême outrage.

Heureusement cette soumission parut apaiser l'Esprit. Longtemps il me parla, se plaignit de ma tiédeur, de mes relâchements à son service, de ma nonchalance et de ma contrainte dans nos entrevues, de ma hâte à le quitter. Il m'accabla enfin de nouvelles promesses et, pour se faire pardonner son accès de colère, il voulut bien oublier tous les serments qu'il s'était faits concernant les Initiés. Il me chargea de leur dire qu'il cédait à leurs prières.

Je courus en hâte les chercher à la salle du Chapitre, et leur annonçai qu'ils trouveraient la somme qu'ils réclamaient sous le Dragon de la Grande Loge.

Inutile d'ajouter si je fus reçue en heureuse messagère. On s'empressa au Temple rond. Grévy, fou de joie, devint familier.

Ce n'était pas le moment.

La correction que je venais de recevoir me cuisait encore, et quelqu'un, tôt ou tard, devait me le payer. Je détestais trop le Grand Orient pour qu'il ne me parût pas tout désigné pour l'emploi.

— Ne me touchez pas, lui criai-je, ou malheur à vous.

La réussite de ce soir et quelques copieuses libations, je pense, l'avaient grisé. Il insista. La colère me prit. Heureusement l'Esprit m'inspira un dérivatif. Je bondis à l'Estrade. Une sonnerie de trois coups immobilisa les Initiés à la Table hémicyclaire. Je ne sais quelle rage me transfigurait. Une heure et demie, je parlai comme une furie. Que disais-je ? Je ne l'entendais même pas ; mais je voyais le visage des Initiés passer par toutes les inquiétudes.

Et ce n'est que le lendemain que je lus au Bureau des sténographes ce discours enfin digne de mon titre d'Inspirée.

Tour à tour j'avais traité de toutes les plus délicates questions de la haute politique ; l'état des esprits en France et la situation de l'Église ; les intrigues du pape Pecci et ses avances à l'Allemagne par Mgr Galimberti, tout en se ménageant un recours, en cas d'échec, du côté de la République française ; le plan d'attaque enfin qu'il s'agissait de mener à bien pour résister à cette offensive.

Il convenait d'abord de faire voter par les Chambres la suppression du budget des Cultes, l'incapacité des fabriques et même l'interdiction, comme gain illicite, de percevoir tout casuel pour honoraires, aumônes ou indemnités de messes et cérémonies.

Diatribe enragée, remplie de traits dont chacun des Initiés, intimement mêlé aux affaires, pouvait apprécier au passage la sûreté et l'étendue de l'information, toute baveuse en même temps d'atroces et gratuites calomnies. N'avais-je pas inventé une histoire de rapports secrets entre le cardinal Antonelli, resté la bête noire des Sectes, et la prieure des Carmélites de Rome, ainsi qu'un plan de passages souterrains entre le Vatican et les couvents d'alentour, afin d'avilir le Saint-Siège et d'accuser les prélats de la Curie des pires turpitudes.

Pour conclure, j'avais énoncé enfin une série de nombres qu'on s'était empressé de sténographier, et quand j'étais descendue de la tribune, harassée par ces trois jours de réclusion et par cette nuit mouvementée, la tête vide, le cœur prêt à défaillir, Thiénet et Tirard, qui m'avaient offert la main pour m'aider à descendre de la tribune et de l'estrade, avaient dû me porter ou presque jusqu'à la Table hémicyclaire. Là, l'incorrigible Grévy n'eut de cesse qu'il ne m'eût demandé le sens de ces chiffres incompréhensibles. J'avais feint, toute fâchée encore, de ne lui rien répondre par dédain ; et j'aurais été bien en peine de faire autrement : je ne savais pas même que j'eusse énoncé des nombres.

Grévy entreprit alors d'interroger les tables tournantes ; il n'obtint aucun résultat, et moi-même ne réussis jamais à savoir ce que cette communication voulait dire. Par delà Grévy et moi, elle s'adressait sans doute à quelque assistant obscur et muet, seule véritable oreille à laquelle parlait ma bouche inconsciente.

Ce dernier discours resta comme mon chant du cygne.

Non que je ne m'appliquasse à regagner la confiance de l'Esprit ; je m'y prenais avec une maladresse croissante.

Pour m'éviter des attentes et des rebuts qui m'excédaient, j'avais adopté une formule plus courte et quasi mécanique d'évocation. Elle déplaisait, je le savais, au Dragon ; c'était ma revanche des coups qu'il m'avait donnés.

On se souvient que l'abbé Mazati adjurait, lui, le Dragon, sans autre cérémonie, au nom de la sainte Trinité. Quand la Bête tardait trop à répondre aux autres formules, j'avais vu aussi le Grand Orient, poussé à bout, opérer quelquefois de même. C'était en hébreu, de façon à ce qu'aucun des Affiliés présents ne pût soupçonner le sens de ses paroles. Cela passait seulement pour un rite secret, sur lequel il était défendu, même aux Initiés, de discuter les uns avec les autres, et qu'il fallait suivre aveuglément. Mais dans la fréquentation de l'Esprit, j'avais pris quelque connaissance de la langue hébraïque, qui, lorsqu'il daignait me l'expliquer, me paraissait pleine à la fois de simplicité et de profondeur, et, comme telle, depuis les origines, est demeurée la langue par excellence des Sectes. J'avais donc vite compris, à certains mots, que revenait en tête de plusieurs formules l'invocation du Père et du Fils et du Saint-Esprit. J'en usai, j'en abusai.

Puis j'y éprouvai une difficulté étrange : celle de prononcer le nom du Saint-Esprit. On m'a expliqué depuis qu'elle provenait sans doute de cet Esprit-Saint lui-même qui souffrait d'être invoqué par une possédée de l'autre Esprit. En tout cas, cette difficulté me contraignit de réfléchir à la formule même, et de là il n'y avait plus qu'un pas à faire pour la trouver absurde.

Comment, en effet, l'Esprit pouvait-il être contraint de se rendre à une objurgation faite au nom de l'inférieure divinité catholique ? Je résolus et d'abandonner cette façon de faire et de profiter de la première occasion pour demander au Dragon de m'expliquer sa paradoxale façon d'agir.

Ayant essayé de l'évoquer à cet effet, je ne pus d'abord y parvenir. C'était une nuit du jeudi au vendredi. J'étais seule en Loge. Deux heures durant, montre en mains, je m'exténuai en adjurations diverses. Alors, excédée, je l'évoquai encore une fois :

— Au nom du Père et du Fils et du Saint-Esprit.

Aussitôt, il m'apparut, contracté et grimaçant. Je lui demandai de me dire pourquoi il n'obéissait avec ponctualité qu'à cette adjuration :

— C'est, me répondit-il d'un ton contraint, qu'elle est d'usage *dès le commencement*.

Je crus faire un coup d'éclat, en lui intimant alors, par caprice, pour en voir l'effet :

— Maintenant, au nom du Père et du Fils et du Saint-Esprit, retire-toi. Va-t'en.

Il se rebella avec un rire affreux :

— Renvoyé, soit !... Pas par toi ! Tu m'appartiens. Je puis venir, je ne puis être chassé par moi-même.

Et il s'empara brusquement de moi avec une violence inouïe : corps, esprit et volonté. Toutes ses suggestions s'imposèrent à moi d'un coup. Pour le satisfaire, sciemment, sinon tout à fait volontairement, j'embrassais le mal, je maudissais le bien. J'abjurais toute personnalité pour l'orgueil d'être Souveraine Maîtresse élue de cet Esprit des ténèbres. Et quand enfin il consentit à me rendre l'usage et la liberté de mon esprit, c'est de meilleure grâce d'abord qu'il répondit à mes questions. D'autant que je sus ne pas pousser trop loin du premier coup l'interrogatoire :

— Cette expulsion des religieux, à laquelle nous travaillons maintenant avec tant d'ardeur, l'obtiendrons-nous ?

— Oui !

— Bientôt ?

— Je le crois, mais cela ne vous rapportera pas ce que vous pensez.

— Qu'est-ce à dire ? Soutiendriez-vous ces moines et moniales, et leurs défenseurs ?

— Au contraire, je les écraserais tous, si j'en avais le pouvoir.

— Comment, le pouvoir ? N'êtes-vous donc pas l'Être Suprême ? Où y aurait-il, au-dessus de vous, un Principe supérieur, encore plus puissant ?

Il se roula en grondant à mes pieds, plutôt que d'articuler sa réponse. Un seul mot jaillit enfin de sa gorge en feu, et il n'avait aucun rapport de sens ni de ton avec ma question. Ce n'était pas une riposte, mais un cri, un nom, que je ne sus pas entendre :

— Béelzébuth !

— Pourquoi, repris-je impitoyable, ne me répliquez-vous pas ? Pourquoi nous laisser sans lumière, nous, vos fidèles et vos élus, alors qu'un misérable prêtre, comme cet abbé Mazati, vous contraint à parler, dans son latin de cuisine, à l'aide d'une banale formule catholique à laquelle lui-même ne croit plus ?

Le Dragon, encore un fois, ne me répondit que par des hurlements et à nouveau me jeta sauvagement sur le pavé, puis me soulevant de terre m'éleva assez haut, pour me laisser retomber avec tant de brutalité que je crus m'être rompu tous les membres.

A peine pus-je me redresser que je quittai le Temple rond, révoltée de ce traitement indigne et me jurant de n'y remettre les pieds qu'après que le Dragon m'aurait offert des excuses et de nouvelles garanties contre ces caprices de bête furieuse.

IV

HÉSITATIONS ET TERREURS

Mon incommensurable orgueil avait compté sans celui de la Bête. Je boudais, elle me rejeta. Ou plutôt, sans vouloir la rupture, attendrait-elle que je lui revinsse assez matée pour qu'elle ne fût plus exposée à s'entendre adresser de si terribles questions.

Je m'obstinai, moitié par peur, moitié par bravade, à ne plus entrer à la Loge qu'accompagnée, à ne plus jamais invoquer le Dragon.

Et je sentis désormais gronder à chaque instant, autour de moi, le souffle de sa colère. L'épouvante m'étreignit le cœur durant des nuits. J'en fus réduite à un état affreux.

Je m'en servis pour motiver auprès du Conseil mon absence à la plupart des séances ; toutefois la situation ne pouvait s'éterniser. Je craignais moi-même que, profitant de mon absence, le Dragon n'avertît les Initiés et ne demandât mon châtiment, et j'étais payée pour savoir que ces gens-là trouveraient au besoin mille moyens de me procurer la mort. Les crimes que j'avais perpétrés en, personne m'avaient trop instruite, et, à défaut de remords, la terreur d'un sort pareil ne me laissait plus un moment de repos.

Les dix-huit crânes luisants du Cabinet noir prenaient tous aujourd'hui dans mes rêves le nom d'une de mes victimes, et le fantôme de Garfield voltigeait au-dessus de mes cauchemars, comme l'Aigle cornu, en poussant des croassements de joie. Première vengeance de ceux que j'avais si froidement immolés !

Je songeai à faire ma soumission, puis à me tuer. Mais je ne sais quelle lueur, indécise encore et innommée, flottait à présent sur mon désespoir. Je pensai à cette Puissance supérieure qui commandait même à notre prétendu Esprit Suprême, ainsi que le Destin jadis aux Immortels ; et la tentation me venait de prier ce Dieu inconnu. Je n'osais, me sentant indigne ; déjà, sourdement, j'espérais pouvoir un jour oser, et ce vague sentiment d'un souverain recours arrêtait ma main.

Ces sentiments n'étaient pas pour faciliter une réconciliation du Dragon avec son Élue, s'il parvenait à lire dans mon âme ; ils ne pouvaient non plus calmer pratiquement mes frayeurs.

D'autant que chaque jour quelque Dignitaire venait me visiter, pour ne pas dire me surveiller, sous prétexte de prendre de mes nouvelles. Et l'on eût dit que tous s'étaient donné le mot pour entretenir en moi l'épouvante. Il ne se passait pas de semaine qu'ils ne m'apprissent quelque nouvelle histoire de crime commis par un des nôtres.

Et il s'en commettait de fait, à chaque instant, même pour la simple observation de la règle du jeu. Car telle est l'épreuve par où passe au moins tout Affilié supérieur : il doit, pour être agréé, se constituer préalablement en « état de crime », qui est d'une part comme l'état de grâce de cette contre-religion ; au moyen duquel, d'autre part, on tient l'homme à jamais, en le menaçant de divulguer son secret, au cas où il chercherait à secouer le joug de la Secte.

Ainsi, pas un des chefs politiques qui ont marqué en France, au cours des dernières années, n'est parvenu à cette haute situation sans l'aide des Loges, et les Loges avaient exigé d'abord de lui cette preuve qu'il était digne d'elles. A l'un, on fit noyer, à la Loge même, l'enfant d'une femme qui venait d'y accoucher clandestinement ; d'autres avaient dû au moins, comme moi, poignarder la Victime, le jour de leur affiliation supérieure. L'état de crime de Grévy avait rapport à l'affaire Saydon en Angleterre. — On se rappelle que Saydon avait été accusé à Londres, en 1866, d'être l'auteur d'un « suicide » maladroitement camouflé : les vrais coupables étaient Grévy et Teller, — un autre Initié, mort en 1874.

L'un des pires meurtres qu'on me conta vers cette époque fut celui d'un malheureux profane. C'était pourtant un homme haut placé ; mais il s'était laissé entraîner, moitié par jeu, moitié par curiosité, à une séance du Grand Conseil, et là, une fois pris, on le somma de donner des gages et de s'affilier par serment. Il s'y refusa, par un reste de conscience religieuse, je pense ; on lui fit avaler une drogue bien connue du Grand Alchimiste, et le lendemain la police mise en éveil le retrouvait au Bois de Boulogne, divaguant, hébété. On dut l'interner.

Thiénet et Tirard, vers le même temps, s'étaient mis en tête de convaincre le comte de Paris d'entrer dans la Maçonnerie, s'il voulait rendre possible une restauration. Le prince repoussa leurs avances : il était fixé sur le bien que la Secte veut aux rois. Kellner et Tauler furent alors chargés de le relancer et, s'il s'obstinait, de trouver le moyen de le supprimer. Ils allèrent donc trouver le comte à Chambord où il se trouvait à cette époque ; mais ils furent reçus avec une si exquise bonté que le courage leur manqua pour exécuter leur barbare mandat. C'étaient deux affiliés un peu craintifs. Ils revinrent à la Loge, prétendant qu'ils n'avaient pu joindre le prince. Cependant l'Esprit les avait dénoncés. Tauler fut mis au cachot et gardé pour victime du prochain Vendredi Saint. Kellner fut tué par le Dragon en personne dans un corps à corps sanglant. La Bête le saisit en pleine Loge entre ses fortes griffes et commença par le déchirer ; puis l'enlevant du sol, sous forme d'esprit ailé, l'emporta jusqu'à la voûte ; alors se divisant en plusieurs Esprits, l'un lui arracha les cheveux, les autres les ongles. Son corps dénudé fut couvert de brûlures et enfin écartelé, après qu'il eût longtemps poussé des cris affreux.

Autre drame horrible ! T*** avait pour maîtresse une femme mariée, dont je tais le nom par égard pour la famille, mais qui appartenait à la bonne noblesse et dont le mari s'était fait une grande réputation dans la haute diplomatie. Un soir, quelque peu ivre, T*** laissa échapper devant elle quelques paroles ayant trait à l'activité secrète de la Loge. Elle essaya de le questionner le lendemain à ce sujet ; T***, loin de satisfaire sa curiosité, lui fit jurer de garder sur tout cela un silence de tombeau. La jeune femme était d'une nature assez légère et d'un jugement limité. De plus en plus intriguée, elle ne put se retenir de raconter quelque chose de son aventure à un homme politique de sa parenté. Celui-ci appartenait au Grand Congrès : il dénonce T***, et celui-ci pour se défendre charge la malheureuse. On attire cette dernière dans un guet-apens, tout en disposant tout chez elle pour faire croire à une fugue ; et tandis que son mari déplore cette éclatante infidélité, la pauvre femme est enfermée dans les souterrains. Criant, pleurant sur son inconséquence, ne comprenant rien encore à son aventure et à l'étendue de son malheur, elle reste là durant un mois entier. Puis on instruit son procès au Chapitre. Léon Say était son soi-disant défenseur ; T*** lui-même, pour se faire pardonner, avait accepté d'être l'accusateur et prononça contre sa maîtresse ahurie, demi-folle de surprise et de terreur, un odieux réquisitoire. Sept boules noires la jugèrent coupable, et l'on allait rédiger la sentence, quand l'Esprit se chargea soudain et de la prononcer et de l'exécuter. Un éclair sillonna la salle, un coup de tonnerre retentit, et une musique funèbre se mit à jouer, tandis que le Dragon se précipitait sur la malheureuse. Il la saisit, l'étreignit d'une seule de ses pattes monstrueuses, la lança dans l'espace. Elle retombe, folle de terreur, à terre, s'efforçant de fuir ce spectre horrible de la Bête ; celle-ci revient d'un bond sur sa victime, la laboure de ses ongles. La malheureuse n'est bientôt plus qu'une plaie saignante ; les lambeaux d'étoffe et les cheveux arrachés se mêlent tout le long de son corps à sa chair meurtrie. Un coup en pleine poitrine lui fait vomir le sang. Agonisante, elle demande en vain une goutte d'eau. Le Dragon, pour l'achever, la projette à plusieurs reprises de toutes ses forces contre le mur, si bien que la figure en bouillie devient méconnaissable. Enfin, la voyant inanimée, il la traîne par les cheveux à travers la salle, se rue sur le cadavre, ses multiples cornes en avant, et la transperce encore de mille coups.

Tirard assistait impassible à cette longue et affreuse exécution :

— Elle a duré quarante-quatre minutes, me racontait-il sans sourciller.

Et je songeais qu'avec plus d'impassibilité encore, et même avec une joie secrète, il assisterait bientôt sans doute à mon propre supplice.

J'étais, moi aussi, par mon grade, justifiable du seul Dragon, et combien j'aurais préféré, s'il fallait mourir, succomber de la main des hommes.

Seule ma qualité d'Inspirée me tranquillisait un peu, et sottement je m'en remettais, en désespoir de cause, aux prophéties du Livre sacré. N'étais-je pas la troisième Élue, prédestinée à un rôle que je n'avais pas même encore commencé de jouer ?

Bien souvent j'avais compulsé, depuis mon Initiation, les *Annales* de la Loge, pour trouver trace de mes devancières. Le reste m'intéressait peu, je m'attachai à leur histoire avec passion. L'une, Catherine Vadier, avait pris le nom de Théos ; l'autre, Thérèse Séther, plus connue sous le nom de Sylphide, était Anglaise. L'une était d'ailleurs sans instruction, l'autre sotte ; elles ne comprirent jamais rien à leur rôle que par éclairs et d'intuition.

Si jamais Dieu permet, comme je l'espère, qu'on puisse un jour s'emparer des Loges et de leurs *Annales* pour y trouver la preuve de ces monstrueux forfaits, qu'on cherche au tome XVIII, article 1225. C'est là qu'on trouvera l'histoire de ces deux femmes.

Catherine Vadier tout spécialement me hantait. Elle vécut au temps de la Grande Révolution, mêlée à l'ascension et à la chute de Robespierre, et fut une Inspirée de premier choix. Elle déplut un jour à l'Esprit qui la possédait et fut livrée pour châtiment à un autre Esprit contraire au premier, — façon de parler qui peut-être indique et voile en même temps, dans la langue des Loges, un retour au catholicisme, — et il en résulta une telle contradiction dans son cerveau, que longtemps on la crut folle. Elle ne l'était pas, souffrait cruellement de ce partage intellectuel, et finit par mourir, étouffée, dit-on, par son mauvais génie.

— Et voilà, pensais-je parfois, voilà le sort qui m'attend, moi aussi, sinon pis.

Pourtant la promesse chantait toujours à mon oreille :

Une première femme s'est levée, et elle est morte ; une seconde est venue, elle passera ; mon alliance avec la troisième ne passera pas.

La présente disgrâce n'était donc encore que la crise prédite, la crise de sécheresse et d'éloignement, qui un jour finirait par une réconciliation éclatante et aboutirait pour moi à l'union totale, prélude de l'Élection définitive : et celle-ci m'élèverait au sommet de toutes les hiérarchies, à un grade encore innommé inconnu, presque insoupçonné, pour n'avoir encore été occupé par âme qui vive, près de la Loge Suprême enfin maîtresse du monde.

V

LA CHUTE

A certains signes, je devinai que mon procès s'instruisait. Je subis à domicile divers interrogatoires, qui feignaient de n'être que des éclaircissements sur certaines de mes paroles passées.

Je crois avoir indiqué qu'à la Loge, grâce à un écho habilement aménagé au centre de la salle, dès qu'un Initié est à la tribune, des sténographes, — apostés soit dans les chambres latérales de surveillance, soit à l'étage inférieur où des conduits acoustiques leur transmettent les moindres paroles ; — des sténographes, dis-je, enregistrent non seulement le discours de l'orateur, mais le plus petit mot, même échangé à voix basse, entre les assistants. Ces indices d'opinion particulière sont examinés avec soin, et plus d'un Adepte ou Affilié s'est trouvé exclu ou supprimé, pour une boutade dont il avait perdu jusqu'au souvenir. Le système, qui fonctionnait déjà sous Garfield, avait pris sous Grévy les proportions d'un régime de délation à jet continu.

Or Dieu sait si, au temps de mon insolente faveur, j'avais répandu de ces sarcasmes et de ces critiques propres à coûter la vie à cent innocents. Je me gênais aussi peu en cet endroit que dans mon salon ; et, en collationnant ce dossier, certaines choses avaient dû paraître si énormes que même mes peu scrupuleux collègues hésitaient à en faire état contre moi sans un nouvel aveu de ma bouche. Ils obtinrent de ma lassitude et de mon dégoût tout ce qu'ils voulurent.

Nul doute, par conséquent, que les jalousies surexcitées, les rancunes secrètes, la peur de mes diatribes soudaines ne réussissent, grâce à ces probants témoignages, à conjurer contre moi la majorité des voix du Grand Conseil. Tous en avaient assez de la dictature d'une femme fantasque et colérique, inexplicablement tirée des plus bas emplois, et sous l'inspiration de laquelle tout avait périclité dans la Loge. Plus de jupe à la Table hémicyclaire, tel était devenu le mot d'ordre ; et que la Clotilde Bersone s'en aille à la malheure !...

Seul le Dragon, sans doute, intervint une dernière fois en ma faveur. Lui non plus n'aime pas à se déjuger, du moins devant les siens. Il avait perdu Garfield et rougissait d'avoir fait d'un Grévy son favori. Qui lui remplacerait son Élue d'hier ? Où retrouver pareil instrument, en dépit de mes fautes ? L'Esprit ne réussirait-il donc jamais à conserver une servante-maîtresse, dont il pût se faire une amie en toute confiance ? Et tous ces accusateurs qu'il avait sous les yeux au Chapitre, ne lui étaient-ils pas au fond aussi infidèles en esprit ? Que de médiocres surtout, dont le Génie du mal en personne ne tirerait jamais rien ?

Le Dragon se réserva donc la sentence, comme dans toute cause majeure, et Ferry se chargea de me la transmettre.

Elle était à la fois féroce, vu sa teneur, et bénigne, vu celui de qui elle émanait.

Sous peine de mort, je recevais mandat de partir immédiatement pour Grenoble, où je devais attendre les ordres, dans une maison de rendez-vous, pour ne pas dire de tolérance, où j'aurais désormais ma résidence obligée tant que l'Esprit, satisfait de la juste réparation que je lui devais, ne m'aurait pas rappelée et rétablie dans mes hautes fonctions

— Vous vous reposerez là-bas, Madame, me disait hypocritement Ferry. Votre santé nous alarmait, et l'air de la montagne vous fera du bien. Vous nous reviendrez bientôt, j'espère, tout en forme.

J'avais envie de lui déchirer la figure avec les ongles, et la punition était plus ignoble encore, sinon plus atroce, que je ne l'avais redoutée. C'était vraiment le lac de boue à traverser que Garfield m'avait prédit un jour et qui devait m'arrêter au terme de ma course. Tout en moi se révoltait contre cet affront. Mais que faire ? Le moins que je risquais à désobéir était de me voir le lendemain jetée sans un sou à la rue, dénoncée à toutes les polices. Mieux valait feindre de céder. Du moins, à Grenoble, serais-je loin de l'affreux Amphithéâtre de dissection et de l'Hydre animée de marbre blanc. Résolue à me faire respecter coûte que coûte, même en ce mauvais lieu, je pourrais fuir de là avec plus de chances la vengeance des Initiés et les griffes mêmes de la Bête. J'acceptai en frémissant.

L'accueil que je reçus là-bas acheva de m'incliner à subir le plus patiemment possible cette honteuse pénitence.

Ce malpropre établissement affectait une certaine tenue extérieure, à l'usage de la haute bourgeoisie et des hauts fonctionnaires. Ce n'était pas tout à fait l'ignoble maison publique. Recluse sans doute et sous bonne garde, le patron, qui était de nos Affiliés, avait reçu l'ordre de me traiter avec tous les égards compatibles avec l'accomplissement de ma dégoûtante mission.

A peine installée, je reçus communication d'un premier mandat. Il s'agissait de sonder à fond les dispositions d'un Adepte, le sénateur. Bovier-Lapierre, dont on hésitait à faire un Affilié. Il fréquentait, on le savait à Paris, cette maison. Il s'agissait d'y entrer en rapports avec lui et de lui arracher peu à peu ses secrets.

J'acceptai encore, et mis des mois et des mois à remplir ma tâche, on imagine avec quels sursauts de révolte parfois. M'oser ainsi traiter, moi, après m'avoir fait ce que j'étais devenue ! Quelle chute ! On ne m'avait jamais, certes, dispensée d'un crime ; du moins m'avait-on épargné le plus possible les bassesses. Aujourd'hui on semblait vouloir m'y condamner au contraire de dessein délibéré et à perpétuité. Si bien que l'ancienne comtesse de Coutanceau, confidente de Bismarck, et même la Bersone, maîtresse d'un Garfield, n'était plus à jamais dans ce cloaque qu'une fille perdue. Comment remonter la pente, après avoir donné ces gages horribles ?

Le correspondant qu'on m'avait assigné à Paris pour toutes mes affaires, était de Lanessan. Je lui écrivais souvent pour me plaindre : ce n'était pas des plaintes que voulait la Bête, c'était ma soumission.

Inexplicablement, ma lettre à peine partie, je recevais la réponse, non par la poste, mais d'une façon mystérieuse, toute rendue sur ma liseuse. Je ne pouvais douter pourtant de l'authenticité de ces missives. Les Initiés se servent obligatoirement, dans leur correspondance, d'un certain nombre de majuscules ornées, notamment les D, B, R, V, P, D. En tête de chaque lettre, deux triangles ouverts, accolés par la base. Chaque Initié enfin a une sorte de paraphe particulier qui doit figurer sur l'enveloppe de la lettre afin qu'on en puisse discerner la provenance au premier coup d'œil, même dans un volumineux courrier. Je signais ainsi d'un *N* hiéroglyphique, première lettre du nom de mon grade de Nymphe, et je connaissais le paraphe de Lanessan, un *I. S.* (*Initié Supérieur*) bizarrement entrelacé. Nul subterfuge n'était possible, et il fallait supposer, dans cet échange trop rapide de correspondances, une intervention directe du Dragon dont le pouvoir s'étendait donc jusqu'ici.

Alors, à quoi bon le fuir davantage ? Sans doute, j'éprouvais à renouer avec lui les relations d'autrefois plus de répugnance encore que pour l'infâme métier auquel il m'avait réduite. Seulement, tôt ou tard, il faudrait bien aboutir à une solution. Laquelle ?

De lassitude, je ne me posais même plus la question.

Après bien des efforts, je pensais seulement être arrivée au terme de mon mandat quant à l'homme qu'on m'avait donné à surveiller, lorsqu'à l'improviste une autre mission parallèle m'échut dans la même maison.

Des papiers importants, m'écrivait-on, étaient tombés aux mains d'un nommé P.-B., fils de l'amiral du même nom, qui fréquentait lui aussi, la maison de plaisir où j'avais maintenant mes habitudes, et la Loge tenait absolument à ce dossier. En vain, son possesseur avait-il été plusieurs fois cambriolé, dévalisé au cours d'un voyage par de prétendus malandrins, etc. Jamais on n'avait pu mettre la main sur le portefeuille où étaient enfermés ces précieux papiers.

— Clotilde seule est de taille à se les procurer avait décidé le Dragon ; qu'elle y travaille puisqu'elle aime mieux cela que mon amitié.

Je dus m'incliner encore. A présent, j'étais lâche et préférais tout aux cruautés du supplice et à la mort sans espérance qui m'attendait. Comme une esclave, chaque fois que cet homme se présentait à la maison maudite, j'étais donc prévenue et devais accourir. Mais en vain j'usai longtemps de tous les stratagèmes pour découvrir où pouvait bien être caché son introuvable portefeuille : je commençais à désespérer.

Enfin, une nuit, je réussis.

P.-B., en complet état d'ébriété, parla : je sus où était la cachette, achevai de le rendre ivre-mort. Un complice courut chez lui, en s'y introduisant par escalade comme un voleur, trouva dans un grenier le pot au rose et me rapporta les papiers. Ayant détaché avec précaution les sceaux du pli qui les contenait, je saisis les pièces convoitées et remis tout en place en bourrant l'enveloppe de coupures quelconques de journaux. Si bien que la victime n'a peut-être jamais su qu'elle avait été volée, si elle n'a pas eu la précaution de vérifier soigneusement son dépôt.

Le lendemain, je télégraphiai triomphalement à Paris :

« J'ai le double secret. Faites que je sorte. »

On me répondit que j'étais libre, et qu'on m'attendait à Mâcon.

Pourquoi à Mâcon ? Qu'est-ce qui m'était encore réservé là-bas ? Et avais-je jamais eu le dessein de sortir d'ici pour m'en retourner, même à Paris, sous la coupe de la Bête ?

VI

LE CLOÎTRE

N'importe ! le lendemain matin, j'étais prête, et, tous mes bagages enregistrés, je partais, ne laissant derrière moi aucun soupçon, à peu près sûre de n'être suivie ni surveillée par personne.

Quelques heures plus tard, je descendais à l'improviste de wagon, dans une grande gare, sous couleur de passer au buffet, et je me précipitais en ville, abandonnant mes malles et tout le reste.

A la grille d'une maison que j'estimai être un monastère, je sonnai fébrilement. On m'ouvrit. Une douce figure parut, souriante sous la cornette. C'était une de ces religieuses que j'avais si souvent honnie et vilipendée depuis dix ans. Je demandai à voir la Supérieure, et longtemps, longtemps, avec un flot de larmes, je dévidai ma honteuse confession, implorai un refuge, un secours contre la mort et l'enfer. Doucement, on me le promit. Pour la première fois, dans ma rude et misérable vie, je rencontrais un cœur de mère !

Plusieurs semaines de purification et de repos se passèrent ainsi pour moi dans une cellule claire et dans une atmosphère de paix que je n'avais jamais connue. Et puis l'hôpital et ses douleurs...

Car on ne pense pas que cette grâce de l'évasion et de la délivrance m'avait été accordée tout d'un coup.

Mes amères réflexions dataient du jour où le démon avait dû s'avouer impuissant devant l'évocation de la Trinité sainte. Longtemps fermée à la foi à tout surnaturel, j'en avais découvert un d'abord, et il m'en fallait à présent admettre deux : celui du catholicisme et celui de la Bête, et celle-ci avouait que le Dieu de mon baptême lui était supérieur. Il aurait fallu être aveugle pour ne pas conclure que ce n'était pas seulement en puissance, mais en bonté, en lumières, en divine perfection.

Certes, je ne me l'avouais pas encore ; déjà je le sentais, — comme j'avais toujours senti, sans me l'avouer, mais assez clairement pour me condamner au souverain tribunal, je ne sais quelle maligne influence, même dans les inspirations les plus élevées du Dragon, à plus forte raison dans ses accès cyniques de cruauté et dans ses complaisances pour les pires turpitudes de ses dévots. Je découvrais ainsi peu a peu que ce faux Esprit Suprême n'avait jamais été que le dieu de mes passions, et surtout de mon appétit d'aveugles vengeances. Dieu ne saurait être la Haine ni le Mensonge : et je commençais d'aspirer tout bas — oh ! de si loin ! — à la Vérité et à l'Amour.

Longtemps encore, j'hésitai, en misérable pécheresse, sans force pour le bien. Mais ma réclusion de Grenoble avait duré un an et demi, de 1882 à la fin de 1883. On devine, durant tant de mois, la couleur de mes réflexions. Même sur la réelle élévation de mon grade dans la Maçonnerie occultiste, l'humiliation présente dessillait mes yeux. Professe en satanisme, comme j'étais loin pourtant d'avoir parcouru tous les degrés de la hiérarchie dont j'avais cru fouler les sommets !

Encore n'aurais-je jamais eu peut-être le courage de secouer le joug, si un événement nouveau et imprévu dans ma vie, n'était venu me contraindre à une décision. Je m'aperçus que j'étais enceinte. Or, m'en retourner à Paris avec ce fardeau, je n'en pus envisager une minute l'éventualité. Je prévoyais trop les ricanements infâmes de la Loge, les manœuvres abortives, l'enfant noyé, pour servir d'épreuve, par quelque récipiendaire, et disséqué par ces atroces pourvoyeurs de sang et de chair humaine, pour le Moloch de marbre du Temple rond.

Jamais ! Un courage se levait en moi, dont j'aurais été sans doute incapable pour la défense et le rachat de mon âme à moi, trop souillée et indigne de pardon. En faveur de l'innocent dont la naissance serait déjà marquée d'assez de signes de malheur, une âme nouvelle, une âme de mère me haussait à un plan moins déshonoré. Coûte que coûte j'arracherais mon enfant à cette fange et à cette mort sans espoir !

Je priai, jusqu'au milieu de mes souillures, et quand je réussis enfin à conquérir la clé de mon cachot, ma résolution était prise. Je m'évaderais de cette geôle de crimes qu'est la Maçonnerie, et j'irais vers la pénitence et vers la rédemption.

Aussi la Loge n'a-t-elle jamais appris de moi les secrets du sénateur Bovier-Lapierre ni reçu les papiers du misérable père de mon enfant ; et je me suis constituée du même coup en état de révolte contre les Constitutions, sachant ce qu'il en peut coûter.

A l'hôpital, l'enfant est venu, et il est mort : j'avais trop souffert et ne méritais pas sans doute de l'élever, même pour Dieu. Mais il est mort baptisé. Cet ange est auprès de l'Agneau sans tache, dont j'ai profané l'adorable souvenir d'immolation tant de nuits de Vendredi Saint : il prie de là-haut pour sa misérable mère.

A peine convalescente, avec des précautions infinies pour dépister l'Adversaire, on m'a conduite dans un autre couvent mieux abrité des regards du monde ; et il n'y a plus ici ni de Clotilde Bersone, ni de veuve Cerati, ni de comtesse de Coutanceau : rien qu'une pauvre femme, servante des servantes de Dieu, que ses Sœurs appellent avec amitié par le nom de son nouveau baptême : Marie-Amélie.

Le vaste jardin paisible s'étend sous la fenêtre de ma cellule ; au loin, le large fleuve s'écoule silencieux. Quel contraste avec ma vie trépidante d'autrefois, parmi le flot des voitures, dans le fracas de Paris !

Je ne crains plus ni la Loge ni le Dragon. J'ai trouvé dans mon cœur, par delà mes plus cuisants remords et l'espèce d'horreur sacrée que m'inspirent à présent mes crimes, une autre paix qui surpasse toute douceur et calme toute inquiétude. Non pas que j'ignore la puissance de l'Adversaire ni la malice de ses séides. Plus que personne, j'en ai fait la cruelle expérience. Mais, dans le véritable Livre sacré, j'ai appris à connaître la Bête qui m'a si longtemps séduite, puis terrifiée

> *Draco ille magnus, serpens antiquus, qui vocatur diabolus et satanas, qui seducit universum orbem.* — APOC., XII, v, 9.
>
> *Et vidi de mari bestiam ascendentem, habentem capita septem et cornua decem, et super cornua ejus decem diademata, et super capita ejus nomina blasphemice... Et .dedit illi Draco virtutem suam et potestatem magnera.* —APOC., XII, v, 1-2.
>
> *Et vidi alteram bestiam... Et fecit terram et habitantes in ea adorare bestiara primam.* — APOC., XIII, v, 11-12.

Il se nomme Satan ; il fut l'antique serpent, il reste l'inexterminable démon. Il a suscité la Bête idolâtre qui régna sur la Ville aux sept collines, et puis cette autre Bête des hérésies chrétiennes qui se prévalent de la ressemblance de l'Agneau pour faire adorer le faux Dieu des Gnoses et du Talmud. A tour de rôle, depuis les origines, ils combattent les adorateurs du Verbe incarné. Et la Maçonnerie contemporaine les réunit comme en une seule réincarnation de ce perpétuel Antéchrist dressé contre l'Église de Dieu.

Mais Lucifer est impuissant contre ceux qui, armés du signe de la croix, ne se soumettent pas volontairement à son empire. Saint Michel et ses Anges ont été chargés de défendre contre lui l'ordre du monde. Le gouvernement de la Providence n'abandonne à ses intrusions que ce que la liberté humaine lui livré par le péché. Il ne peut rien que par nous et par nos fautes.

Hélas ! les abominables plaies que m'ont faites mes crimes n'ont pu se fermer si vite ni si entièrement qu'elles ne se rouvrent parfois et ne suppurent. Des souvenirs m'assaillent, des tentations hideuses m'obsèdent souvent malgré moi ; et pour peu que je leur aie cédé, je sens bien que j'ai redonné pouvoir à la Bête et à, ses complices.

Dans la nuit du mercredi au jeudi 8 janvier de cette année, cinq démons n'ont cessé de me tourmenter. Le lendemain, ayant prêté l'oreille aveu complaisance à quelques mauvais compliments qui m'avaient été adressés dans la journée, il m'a semblé que le Dragon reprenait possession de moi. Un moment, il m'a soulevée de terre et proposé de me remettre en communication avec le Grand Conseil, justement assemblé à ce moment, dans la nuit du vendredi, en vue de négocier mon retour et mon pardon ; mais j'ai crié vers mon ange gardien et vers l'Archange tutélaire de tous les enfants de Dieu :

— O Saint Michel, défendez-moi dans le péril... O Père, ô mon Dieu, *libera nos a Malo*.

La Bête m'a rejetée à terre si violemment que j'ai perdu le sang par les oreilles et suis restée un peu sourde. N'importe ! Puissé-je moins entendre dorénavant les séductions du monde.

Ce que je redoutais le plus, non pour moi, mais pour mes admirables Sœurs, héroïques garde-malade d'une âme en détresse, — c'est que le Démon lancé sur ma trace n'allât dénoncer à Paris mon asile et déchaîner contre lui toutes les puissances de l'ombre.

Ah ! ces expulsions de religieuses que j'avais tant préconisées naguère, qui donc aurait cru que je tremblerais d'en être une des premières victimes, dans mon abri sauveur ? Cette éventualité même n'émeut pas la religieuse au grand cœur qui m'a recueillie et pour laquelle je n'ai plus de secrets. Celle-là sait le prix d'une âme rachetée de toutes ses folies par le sang d'un Dieu. Son courage intrépide ne tremble de rien.

L'autre jour, dans le maigre bagage que j'avais gardé jusqu'ici, j'ai retrouvé par hasard un chapelet qu'au temps de ma possession, le Démon m'avait brisé dans les mains par dérision. Je le jetai avec horreur. Mère Marguerite l'a ramassé tranquillement, et s'est mise en tête de le remonter :

— Laissez cela, lui dis-je. Courons plutôt l'enterrer profondément dans quelque coin. Ces objets hantés portent malheur.

Elle sourit de son beau sourire angélique et m'amena dans sa cellule. A son chevet, elle avait suspendu déjà un crucifix profané, que je lui avais remis dès mon arrivée, et qu'elle avait placé là pour lui offrir à toute heure ses hommages de réparation ; et elle entoura cette croix de mon chapelet brisé, comme d'un trophée nouveau, en disant :

— Cela nous protégera au contraire : car nous sommes sous la main de Dieu, et il ne peut rien nous arriver sans sa permission.

Le diable m'apparut, furieux, dans la nuit :

— Quitte cette femme, m'ordonna-t-il. Elle feint pour toi le dévouement et la bonté ; au fond ce n'est qu'à son Eglise qu'elle s'intéresse. Quand sa curiosité sera satisfaite, ne vois-tu pas qu'elle ou ses Supérieurs trouveront prudent de t'abandonner ?... D'ailleurs je me charge de la dégoûter de toi et de ta compagnie. Je la ferai souffrir.

Je rapportai fidèlement ces paroles à Mère Marguerite ; elle n'en parut pas plus émue que du reste :

— Laissez-le dire, petite sœur, et même laissez-le faire. C'est en souffrant qu'on délivre ; c'est en s'immolant pour autrui qu'on désarme l'enfer.

Et dans son regard mélancolique, je découvris soudain l'abîme d'un autre mystère de grâce et d'expiation, qui m'expliquait à la fois et l'invisible marche de ma conversion et les prétendus hasards qui m'avaient faite enfin la compagne et la protégée de cette âme d'élite.

Le tabernacle et la pénitence, dans cette oasis de sainteté, me servent de paratonnerre contre les foudres du Maudit.

Quant aux Initiés et à toute l'armée de fonctionnaires et de policiers, sans parler des assassins, qu'ils peuvent mettre à mes trousses, grâce à Grévy, à ses ministres et à leurs innombrables agents, j'espérai d'abord que la volonté de Dieu continuerait de contraindre la Bête à leur cacher le lieu de mon refuge. Bientôt je devais découvrir que la Loge m'avait dépistée.

En effet, j'étais occupée un jour à l'office, quand un homme entra. C'était un aide-jardinier, engagé depuis quelques jours et qu'on avait invité à venir demander là un rafraîchissement.

Il vint droit à moi, et m'accablant d'une politesse toute populaire, me tendit la main en ayant soin de tenir l'index étendu en serrant la mienne. Je tressaillis : c'était un des signes de reconnaissance des Illuminés. Froidement je remplis son verre comme si je n'avais pas compris. Il trinqua bruyamment avec la bouteille, en bon compagnon, leva son verre et le reposa sur la table en me regardant fixement, avant de l'avaler d'un trait, en s'essuyant la moustache du revers de sa manche et en marmonnant quelque chose qui finissait par :

— ... *éclair*.

Je ne pus cette fois dissimuler mon trouble : c'était encore un signe de reconnaissance des Affiliés.

Brusquement décidée à en finir, je lui déclarai :

— Eh bien ! oui c'est moi... Celle qu'on appelle là-bas la Nymphe de la Nuit.

— Où ça, là bas ?

— A la Maison aveugle et sourde où s'étagent, entre deux rangées d'appartements qui donnent sur le Café anglais et la Maison dorée, la Loge carrée, le Temple rond et les cachots du sous-sol... Redites-le donc à ceux qui vous envoient J'ai écrit tout ce qui concerne ma vie parmi vous, et des copies en sont, de côté et d'autre, en lieu sûr et dans les mains des autorités ecclésiastiques. S'il m'arrive quoi que ce soit de suspect, à moi ou à cette maison, accident, incendie, décès mal expliqué, une plainte sera immédiatement déposée au Parquet contre le Grand Conseil, appuyée par des révélations de presse qui, bon gré mal gré, secoueront l'opinion et obligeront à un semblant de perquisition et d'enquête auquel vous pourrez bien dérober vos Annales et le mobilier suspect, non l'existence de la salle octogonale et des caves. C'est assez pour que le secret de ces Messieurs soit éventé et que cela vaille la peine d'en être morte... J'offrirai à Dieu ma vie pour qu'il daigne susciter des chrétiens capables de profiter de l'avertissement et de briser cette tyrannie... Avez-vous compris ?

Il éclata d'un rire épais, et d'une voix de pot cassé :

— Ma foi, non. Vous parlez trop bien, ma sœur. Votre petit vin fait mieux mon affaire.

Il sortit d'un pas lourd et indifférent, ramassa ses outils sans hâte, sortit de la maison, et jamais plus on ne l'y revit.

Mon message, je pense, a été transmis au Chapitre, et les Éclairés ont réfléchi. Mieux vaut encore, ont-ils pensé, me laisser traîner dans un obscur couvent une vie misérable, que d'exposer à une divulgation trop éclatante les secrets de la Secte.

Je n'ai plus, ces dernières semaines, entendu parler de rien dans mon douloureux tête-à-tête avec le passé et les éternelles espérances dont je me sens si indigne.

Daigne le Seigneur Jésus pardonner à la misérable que je fus. Tremblante devant sa justice, et même devant sa miséricorde, j'ose en appeler à sa gloire, que le Dragon s'efforce en vain d'usurper dans le monde et dans les âmes. Qu'il m'arrache enfin tout entière et pour toujours à la Bête et veuille bien faire à son tour de l'orgueilleuse Souveraine Maîtresse Inspirée d'autrefois la plus humble de ses Élues.

Juin 1885.

Table des matières

Préface 5

PREMIÈRE PARTIE

LA GRANDE LOGE OTTOMANE DES ILLUMINÉS

I. La sonnerie mystérieuse 11
II. Explications orageuses 15
III. Première rencontre avec le Dragon 23
IV. Jongleries et débauche 28
V. La Chambre des tortures 34
VI. Au fil de la destinée 39

DEUXIÈME PARTIE

LA DALILA DE GARFIELD

I. Au Club des Artistes 47
II. À la Maison dorée 53
III. L'affiliation 56
IV. De Londres à Naples 67
V. Une Semaine Sainte sataniste 76
VI. Comment on empoisonne un roi 89
VII. Meurtres et stupres 99

TROISIÈME PARTIE
L'INSPIRÉE CONTRE LE GRAND ORIENT

I. La prise de possession 107
II. Bismarck contre Garfield 115
III. Le défi au Grand Orient 123
IV. L'Initiation 131
V. La disgrâce de Garfield 144
VI. Conjuration 150
VII. « Mort à l'ennemi de la Loge » 162

QUATRIÈME PARTIE
L'INFIDÉLITÉ DE L'ÉLUE

I. Monsieur Grévy 171
II. Les élections de 1881 182
III. Brouille avec l'Esprit 187
IV. Hésitations et terreurs 197
V. La Chute 202
VI. Le Cloître 207

- the-savoisien.com
- pdfarchive.info
- vivaeuropa.info
- freepdf.info
- aryanalibris.com
- aldebaranvideo.tv
- histoireebook.com
- balderexlibris.com

Librairie Excommuniée Numérique CULUS (CUrieux de Lire des Usuels)

www.ingramcontent.com/pod-product-compliance
Lightning Source LLC
LaVergne TN
LVHW091543060526
838200LV00036B/680